中国传统岁时节俗

江玉祥　牛会娟　张茜　著

四川人民出版社

图书在版编目（CIP）数据

中国传统岁时节俗 / 江玉祥, 牛会娟, 张茜著. 2版. —— 成都：四川人民出版社, 2025.5. —— ISBN 978-7-220-12979-7

Ⅰ.K892.1-49

中国国家版本馆CIP数据核字第2025WP8800号

ZHONGGUO CHUANTONG SUISHI JIESU
中国传统岁时节俗
江玉祥　牛会娟　张茜　著

责任编辑	董　玲　江　澄
装帧设计	李其飞
责任校对	袁晓红
责任印制	周　奇　刘雨飞
出版发行	四川人民出版社（成都市三色路238号）
网　　址	http://www.scpph.com
E-mail	scrmcbs@sina.com
新浪微博	@四川人民出版社
微信公众号	四川人民出版社
发行部业务电话	（028）86361653　86361656
防盗版举报电话	（028）86361653
照　　排	四川胜翔数码印务设计有限公司
印　　刷	成都蜀通印务有限责任公司
成品尺寸	145mm×210mm
印　　张	9.125
字　　数	200千
版　　次	2025年5月第2版
印　　次	2025年5月第1次印刷
书　　号	ISBN 978-7-220-12979-7
定　　价	58.00元

■版权所有·侵权必究

本书若出现印装质量问题，请与我社发行部联系调换

电话：（028）86361656

再版前言

2024年12月4日，在巴拉圭共和国首都亚松森召开的联合国教科文组织保护非物质文化遗产政府间委员会第十九届会议上，中国政府申报的"春节——中国人庆祝传统新年的社会实践"被成功列入《人类非物质文化遗产代表作名录》。这是我国第四十四项被列入联合国教科文组织非物质文化遗产名录的项目。

中国人民的传统新年，指中国的阴历换岁过年的节日。

阴历，也称农历，起源于中国古代的夏朝，已有悠久的历史。据《史记·夏本纪》记载，"孔子正夏时，学者多传《夏小正》。"据《礼记·礼运》记载，"孔子曰：'我欲观夏道，是故之杞，而不足征也，吾得《夏时》焉。'"春秋时，夏代的后裔还在使用夏历。又据《论语·卫灵公》记载，孔子的学生颜渊问怎样去治理国家，孔子回答："行夏之时，乘殷之辂，服周之冕，乐则《韶》《舞》。"夏朝用的自然历，以建寅之月（旧历正月）为每年的第一月，春夏秋冬合乎自然现象。现存西汉戴德编选的《大戴礼记》之《夏小正》，相传即夏代遗书，这是我国现存最古老的一部月令。这篇文字按十二月的顺序，详细地记载大自然包括天上星宿、大地生物的相应变化，形象地反映了上古人民对时令气候的认识。夏人以孟春之月为正月，一直为我国民间奉行了四千多年，视为最方便农业生产的历法，故称"夏历"为"农历"。虽然，殷历以建丑之月（夏历十二月）为岁首，周朝以建子之月（夏历十一月）岁首，秦朝以建亥之月（夏历十月）为岁首，但那只是国君规定臣子"朝贺"的日子，不是民间所谓"过年"。我们在《导言》中说过：古时人们把谷的生长周期称为"年"。《说文》："年，谷孰（熟）也。"《穀梁传》桓公三年称："五谷皆熟为有年。"年，乃就一切谷类全年的成熟而言。民间过年的节日，就是庆丰收的节日。《诗·豳风·七月》说："十月获稻。为此春酒，以介眉寿。""九月肃霜，十月涤场。朋酒斯飨，曰杀羔羊，跻彼公堂，称彼兕觥，万寿无疆。"这是周代庆丰收的景象但不是"改岁"的日子。周代"一之日（夏历十一月）觱发，二之日（夏历十二月）栗烈"，"曰为改岁，入此室处"。

西汉初沿用秦历，汉武帝太初元年"夏五月正历，以正月为岁首"，恢复使用夏历，以夏历的正月为岁首。傅斯年先生说：《礼记·月令》这篇整齐的论夏正，应该是汉初阴阳家的典籍。《礼记》中之有"月令"，是汉先年儒术阴阳合糅的一个好证据。①《月令》叙孟春之月（正月），"是月也，天子乃以元日（初一）祈谷于上帝。"未见民间有何种庆祝的礼仪和社会实践活动，倒是立春之日有天子迎春、帅三公、九卿、诸侯、大夫躬耕藉田等一系列劝农活动。故汉代以立春为春节。至于阴历过年的节俗活动内容，到南朝梁宗懔《荆楚岁时记》粗具规模，宋孟

---

① 参见傅斯年：《中国古代文学史讲义》，上海书店出版社2008年版。

元老《东京梦华录》、吴自牧《梦粱录》和陈元靓《岁时广记》始成形。

夏历的正月初一，魏晋南北朝称"元日""元辰""元首"；唐宋元明，称"元旦""岁日""新正""新元"；清代一直叫"元旦"或"元日"。1912年（民国元年）1月2日，中华民国临时政府通令各省废除阴历，改用阳历，将公历1月1日定为元旦。到了1914年1月，北洋政府内务部提请"定阴历元旦为春节"。至此，原指阴历岁首的"元旦"和"新年"，被用来指公历1月1日，而阴历岁首改称"春节"。1930年，国民政府重申："移置废历新年休假日及各种礼仪点缀娱乐等于国历新年。"然而，禁令归禁令，老百姓还是按老规矩过自己的旧历年。1934年年初，国民政府迫于形势，停止强制废除阴历，不得不承认"对于旧历年关，除公务机关，民间习俗不宜过于干涉"。

春节，作为中华民族最重要的传统节日，基于中国人在漫长的农业生产生活中对自然、社会的认识，承载着中华文化所蕴含的丰富习俗仪礼、技艺与知识，表达了中国人对美好生活的追求。这一遗产项目不仅有助于提升个体道德修养，促进家庭和睦及人与自然、人与社会和谐，也为中华民族共同体认同和文化创造力提供了持续不竭的动力。

值得一提的是，2023年12月22日，第七十八届联合国大会一致通过决议，将春节（农历新年）确定为联合国假日。此次申遗成功，不仅使春节这一"中国年"从全球华人最大的节日升级为世界人民共享的国际节日，也有助于展现中华文明的世界影响力，促进全球不同文明的世界影响力，促进全球不同文明的交流互鉴和人类命运共同体的构建。

  2025年春节，是"春节——中国人庆祝传统新年的社会实践"被成功列入联合国教科文组织《人类非物质文化遗产代表作名录》后欢庆的第一个春节，可喜可贺！高兴之际，检点六年前四川人民出版社出版的《中国传统岁时节俗》，深感这本书值得修订再版，以满足时下民众学习非物质文化遗产理论和社会实践的需要。此次修订主要增加了"再版前言"，阐明春节申遗的意义，同时更正书中个别错讹字词，增删引文和个别插图，至于体例结构一仍其旧。

  错误之处，恳请读者指正。

江玉祥
2025年3月5日

导 言

　　岁时节日，主要是指与天时、物候的周期性转换相适应，在人们的社会生活中约定俗成的、具有某种风俗活动内容的特定时日。不同的节日，有不同的民俗活动，且以年度为周期，循环往复，周而复始。

　　中国传统岁时节俗，主要是农业文明的伴生物。包括春节在内的传统节日，是在岁时节令的基础上形成的，而岁时节令又是中国人在漫长的农、牧、渔、猎文明中逐渐形成的精神文化和生产经验的结晶。中国旧历是一个阴阳并用历，不是纯粹的阴历，而是以阴历[①]为主，又以阳历[②]为辅的阴阳合历。因为旧历以阴历为主，所以从战国时代以来，我国的农历便有二十四个节气的设置，农民才能把握农时，才知道清明下种、谷雨栽秧等许多农事活动的安排，也才有广大人民群众从幼儿时代朝夕所企望的，如春节、端午、中秋等那么多富有诗意的节日。两千多年来，中国人民生产和生活的实践已经证明，二十四节气不是故弄玄虚的迷信，而是千真万确的科学。它已经成了中国人生活方式的坐标

---

① 阴历：以月亮的盈亏周期计算日子。
② 阳历：以地球绕日的周期来校正置闰。

和文化符号。

以中国传统春节为例，其形成便同农业生产紧密相连。春节和年的概念，最初的含义来自农业，古时人们把谷的生长周期称为"年"。《说文》："年，谷孰也。"《穀梁传》桓公三年称："五谷皆熟为有年。"年乃就一切谷类全年的成熟而言。春节，《后汉书·杨震传》记杨震上疏："又冬无宿雪，春节未雨，百僚燋心，而缮修不止，诚致旱之征也。"此处的"春节"，意为春季。古时以立春为春节。据传，中国在夏商时代产生了夏历，以月亮圆缺的周期为月，一年划分为十二个月，每月以不见月亮的那天为朔，正月朔日的子时称为岁首，即一年的开始，也叫年。年的名称是从周朝开始的，至西汉才正式固定下来，一直延续到今天。但古时的正月初一被称为"元旦"，直到中国近代辛亥革命胜利后，南京临时政府为了顺应农时和便于统计，规定在民间使用夏历，在政府机关、厂矿、学校和团体中实行公历，以公历的元月一日为元旦，农历的正月初一称春节。

1949年9月27日，新中国成立，在中国人民政治协商会议第一届全体会议上，通过了使用世界上通用的公元纪元，把公历的元月一日定为元旦，俗称阳历年；农历正月初一通常都在立春前后，因而把农历正月初一定为"春节"，俗称阴历年。

传统意义上的春节是指从腊月初八的腊祭或腊月二十三的祭灶，一直到正月十五，其中以除夕和正月初一为高潮。在春节这一传统节日期间，我国的汉族和大多数少数民族都要举行各种庆祝活动，这些活动大多以祭祀神佛、祭奠祖先、除旧布新、迎禧接福、祈求丰年为主要内容。活动形式丰富多彩，带有浓郁的民族特色。

只要中国的农历不消逝——而中国的农历绝对不会消逝，包括春节在内的传统民俗就不会消逝。

春节民俗不会消逝，但春节若干民俗事象会发生变异，甚至消逝。春节民俗事象大概包括三部分：信仰、饮食、娱乐。春节民俗信仰，如祭灶、祭祖、过年的禁忌等俗信，在城市里，甚至在经济发达的农村里，特别在青年人群中，可能算消逝了！像走喜神方之类，从信仰变成了商业炒作；像正月初一朝庙上香，从传统的虔诚信仰变成了部分人群的盲目狂热！年节饮食文化传统的东西保留较多，但像亲自动手做年糕、打米酥之类变异了，吃的人少，更不必自家做，想吃，到商场去买！东西可能更高级了，但缺乏参与性，年的气氛自然淡化！娱乐部分最尴尬，传统的狮子、龙灯虽还有人耍，但规模远不如前；灯会虽然还年年办，但传统的手制彩灯、烟火架，已被以赚钱为目的之现代声、光、电摆设所代替，闪烁的霓虹灯影下，矫揉造作的流行音乐声浪中，似乎少了许多"民"的成分和"俗"的味道！再加之禁放烟花爆竹多年，除夕夜，如不想看春节联欢晚会，乐趣便所剩无几！

春节若干民俗事象变异或消逝的原因，现在一般归之于"经济全球化和现代化的冲击"，然而这只是加速春节民俗急剧变异或消逝的外部原因。从内因来看，1949年以来我们一直把传统文化当成阻碍社会主义发展的堕力来扫荡，反复强调"移风易俗"；特别是"文化大革命"中"破四旧，立四新"，"过一个革命化春节"等极左口号和行动，对传统春节民俗更是一个致命的打击。粉碎"四人帮"以后，我们在政治经济领域拨乱反正方面做了许多工作，取得了巨大成绩，但是怎样对待传统文化，特别对民俗文化是否也需要来个"拨乱反正"则缺乏足够的认识！很快，改革开放使外来文化不可避免地涌入神州大地。1960年代以后出生的多数人，他们从小就没有很好地接受过传统民俗文化的熏陶，不少人难免对五光十色的洋俗洋节趋之若鹜。对很多青年来说，不知道过传统年节，不懂得怎样过传统年节，便是自然而然的事情！由于传统春节民俗的淡化，很多在春节期间展示的民间艺术也失掉了市场，一些身怀绝技的艺人，例如制作和耍弄狮子、龙灯的艺人，扎制彩灯的艺人，均面临人亡艺绝的危险。商家又不失时机地推出现代科技包装的娱乐方式和产品，加上现代媒体起劲地鼓吹，循环往复，一浪高过一浪。这样一来，春节若干民俗事象变异或消逝便更加不可避免啰！

面对岁时节俗这种变化的形势，我们该怎样保护和传承中国传统岁时节俗呢？我国已经将我国的三大节日（春节、端午、中秋）以及二十四个节气打捆列入国家级非物质文化遗产保护名录，2009年10月中国端午节入选联合国教科文组织《人类非物质文化遗产代表作名录》，2016年11月30日"中国二十四节气"被正式列入联合国教科文组织《人类非物质文化遗产代表作名录》。2007年12月16日，中国国务院对外公布了经过修订的《全国年节及纪念日放假办法》，规定从2008年1月1日起，新增清明节、端午节、中秋节，各放假1天，春节放假3天不变。很多人以为万事大吉，保护在望，殊不知这主要还是一种防止外人抢夺的"注册"行为！距离保护和传承传统岁时节俗的目标尚远，千里之行，跬步方始，还有许多措施有待认真落实。我们认为：

第一，当务之急是要提高全民的文化自觉，特别要提高各级官员对包括春节民俗在内的中国民俗文化的认识。要使大家明白，民族民间文化"是中国人的生身文化，任何中国人都有她的亲子标记，都受过她的哺育和抚养，这种民族性是与生俱来的"（钟敬文语）。中国人如不保护自己的传统民俗文化，就丧失了自己的民族性，就有亡国灭种的危险。

第二，从舆论导向上划清封建迷信和民间信仰的界限，划清祭祖敬宗和鬼神崇拜的界限，划清良俗和陋俗的界限。这样，传统岁时节俗的信仰部分才会有合理存在的空间。

第三，对传统岁时节俗中一些老百姓喜闻乐见、爱耍爱玩的娱乐方式，比如燃放烟花爆竹、社火活动等，要开放，不能因噎废食，一味禁绝。当然，对待春节燃放烟花爆竹一事，我们既要认识到它的历史民俗功能，又要清楚今天它的功能已经发生变化，其宗教意义淡化，甚至丧失了，而代之以新的娱乐功能。既然是娱乐，就应有节制，不能肆意浪费，甚至引起火灾而给社会造成伤害。正如明代冯应京在《月令广义》中所说："除夕，爆竹通宵达旦，所以震发春阳，阳消邪厉。今人遂以为戏（娱乐），而倾费争雄，殊失本意。"

第四，文化部门，特别是基层文化馆，要大力创编体现传统文化风格的群众文娱节目，上山下乡，走上街头，深入学校表演。

第五，新闻媒体一定要走出商业的怪圈，宣传民族民间文化，鼓吹中国传统的年节文化。新中国成立以来的实践证明，只要在全社会造成气氛，上行下效，包括春节民俗在内的年节民俗一定会得到保护和传承。

为了增加广大群众对中国传统岁时节俗的了解，提高保护和传承优秀传统文化的自觉性，我们选择了春节（包括除夕、元旦、元宵）、立春和迎春、清明（包括上巳、寒食）、端午、夏至、七夕、中元、中秋、重阳、十月朝和下元、冬至、腊日和腊八、祀灶等十多个传统节日，比较详细地介绍其历史源流，民俗事象及其对于中国人生产、生活的关系和意义，也许对保护传统岁时节俗有所裨益！

目录

- 总把新桃换旧符（除夕、元旦、元宵） / 一
- 立春何用更相催（立春、迎春） / 三九
- 清明时节雨纷纷（上巳、寒食、清明节） / 六一
- 风俗如狂重此时（端午节） / 八七
- 夏至阴生景渐催（夏至、伏日） / 一〇五
- 七夕今宵看碧霄（七夕） / 一二七
- 今朝道是中元节（中元、盂兰盆会） / 一四七
- 中秋月色随处好（中秋节） / 一六一
- 金菊寒花满院香（重阳节） / 一七九
- 霜景晴来却胜春（十月朝、下元） / 一九五
- 冬至阳生春又来（冬至、数九） / 二一一
- 腊月风和意已春（腊日、腊八） / 二三三
- 此是人间祭灶时（祭灶、祭灶前后） / 二五一
- 后　　记 / 二七八

总把新桃换旧符

除夕、元旦、元宵

故岁今宵尽,新年明旦来。
——唐·张说《钦州守岁》

爆竹声中一岁除,春风送暖入屠苏。
——宋·王安石《元日》

灯遇元宵尽力张,暗尘滚滚逐人忙。
——清·李调元《元宵》

传统意义上的春节是指从腊月初八的腊祭或腊月二十三（或二十四，名为交年）的祭灶，一直到正月十五，其中以除夕和正月初一为高潮。在春节这一传统节日期间，我国的汉族和大多数少数民族都要举行各种庆祝活动，这些活动大多以祭祀神佛、祭奠祖先、除旧布新、迎禧接福、祈求丰年为主要内容。活动形式丰富多彩，带有浓郁的民族特色。

一·除夕

农历十二月叫除月，十二月最后一晚叫除夕。除夕，也泛指一年的最后一天。这一天，无论士农工商，大家都忙忙碌碌庆岁除，迎新年。这一天民俗事象围绕驱邪迎祥的主题，人们要做这样几件事。

换春联、贴门神

春联，即过年时家家户户张贴楹联、对子。它是中国人特有的文化之一，既发挥了中国文字的特色，也表达了中国人讨口彩、祈求吉祥如意的心态。

春联源于古代的桃符。由于鬼怕桃木，所以古人以桃木制成两块木板，左边一块绘门神神荼（读如伸舒，shén shū）的像，右边一块绘门神郁垒（读如欝律，yù lǜ）的像，两位大神是管理天下众鬼的"鬼王"。过新年时，把桃符板放在大门两边辟邪。

由桃符演变成春联，据说始于五代十国时的后蜀主孟昶。《宋史·五行志》说孟昶"每岁除日，命翰林为词题桃符，正旦置寝门左右"。而《宋史·五行志》《宋史·西蜀孟氏世家》和北宋人张唐英的《蜀梼杌》也都记载了孟昶在降宋前一年的除日，即宋太祖乾德二年（公元964年），自题桃符板云"新年纳

余庆,嘉节号长春"一事。又北宋黄休复在《茅亭客话》中亦记后蜀除日悬挂桃符之风俗,"先是,蜀主每岁除日,诸宫门各给桃符一对,俾题'元亨利贞'四字。时伪太子善书札,选本宫策勋府桃符,亲自题曰'天垂余庆,地接长春'八字,以为词翰之美"。桃符的功能是辟邪,而桃符向春联演变,表现出人们为了喜庆,祈求新岁平安的更多企盼。北宋晁补之《失调名》词:"灶马门神,酒酌酴酥,桃符尽书吉利。"这种演进的桃符形式,在宋代也有记载。南宋陈元靓《岁时广记》引吕原明《岁时杂记》,"桃符之制,以薄木板长二三尺,大四五寸,上画神像狻猊①、白泽②之属,下书'左郁垒,右神荼',或写春词,或书祝祷之语。岁旦则更之。"王安石那首几乎家喻户晓的《元日》诗"千门万户曈曈日,总把新桃换旧符"一句,描述的正是这种风俗。而写桃符也成为当时文人的一种乐趣。陆游《辛酉除夕》中亦有"松煤染兔颖,秉烛题桃符"的诗句。南宋末人吴自牧著《梦粱录》卷六《除夜》:"十二月尽,俗云'月穷岁尽之日',谓之'除夜'。士庶家不论大小家,俱洒扫门闾,去尘秽,净庭户,换门神,挂钟馗,钉桃符,贴春牌,祭祀祖宗。遇夜则备迎神香花供物,以祈新岁之安。"

当然题桃符也不尽是歌颂吉祥,宋末元初周密《癸辛杂识》续集下就记载了一个县学教谕因题桃符获罪的案例:"盐官县学教谕黄谦之,永嘉人,甲午岁题桃符云:'宜入新年怎生呵,百

---

① 狻猊:音suān ní,形如狮。
② 白泽:传说中的神兽名。传说黄帝巡狩东至海,登桓山,于海滨得白泽神兽,能言,达于万物之情。帝令以图写之,以示天下。后因以为章服图案。

四

| 春联门神　　［日］青木正儿、内田道夫编《北京风俗图》

事大吉那般者。'为人告之官，遂罢去。"黄谦之利用题桃符，发牢骚，犯了忌讳，因而被罢教谕之职，说明当时桃符逐渐演变成春联，书写内容也突破了"余庆""长春"这些吉祥美丽的辞藻，开始反映现实生活，抒发个人的心情境遇。

据清姚之骃《元明事类钞》三"春联"条、翟灏《通俗编》卷三《时序·春联》之说，春联之名，起于明朝。清李光庭著《乡言解颐》卷四《新年十事·春联》言桃符与春联之区别，称："桃符以画，春联以书。书较画为省便，复有斗方、横披、小单条之类。"又说："乡人不识字，有以'人口平安'与'肥猪满圈'互易者。车门多用四大字，惟王楷堂比部自撰一联云：

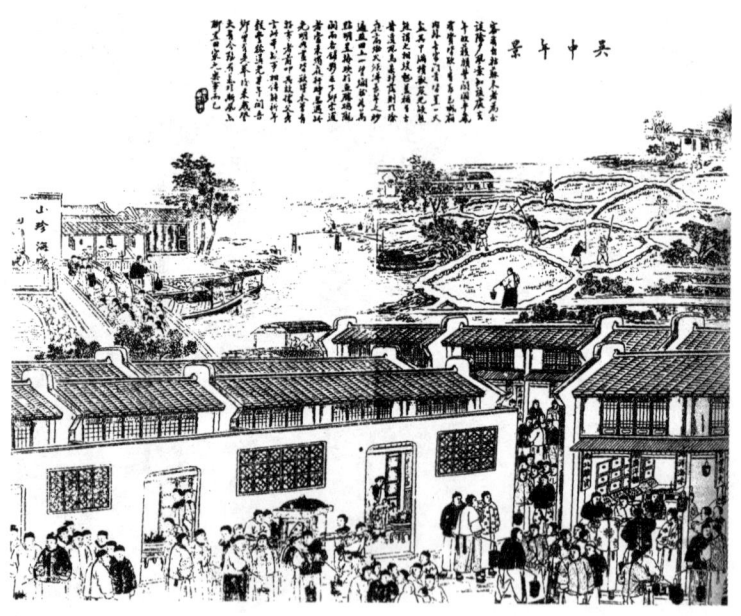

| 吴中年景　晚清《点石斋画报》

'吃草吃麸还吃料，拉人拉水不拉钱。'"此处所举两副春联，生动反映了清朝北方农民的意识和生活状况。由此可见，在清代贴春联已经成为民间非常普遍的一种风俗。当时的京城另有一番讲究。清人富察敦崇《燕京岁时记·春联》载："春联者，即桃符也。自入腊以后，即有文人墨客，在市肆檐下，书写春联，以图润笔。祭灶之后，则渐次粘挂，千门万户，焕然一新。或用硃笺，或用红纸，惟内廷及宗室王公等例用白纸，缘以红边蓝边，非宗室者不得擅用。"清顾禄《清嘉录》卷十二"春联"条记苏州过年风俗，说："居人更换春帖，曰春联。先除夕一二十日，塾师与学书儿书写以卖，榜于门曰春联处。多写千金百顺、宜春

迪吉、一财二喜及家声世泽等语为门联，或集'葩经'（指《诗经》）吉语、唐宋人诗句为楹帖。"

古有"五祀"之说，门为其一。门为人出入之处，故为神而祭。门神，即护门之神。最早的门神，传为神荼、郁垒之遗像。查汉应劭《风俗通义》卷八："《黄帝书》：'上古之时，有神荼与郁垒昆弟二人，性能执鬼，度朔山上立桃树下，简阅百鬼，无道理，妄为人祸害，神荼与郁垒缚以苇索，执以食虎。'于是县官常以腊除夕，饰桃人，垂苇茭，画虎于门，皆追效于前事，冀以卫（他书"卫"作"御"）凶也。"可知，最初门上所画者非人，乃是食鬼之虎。《汉书·景十三王传》称广川王去"其殿门有成庆（古之勇士）画，短衣大绔长剑"，此即后世门神之始。南朝梁宗懔《荆楚岁时记》："岁旦绘二神，披甲执钺，贴于户之左右，谓之门神。"北宋吕原明《岁时杂记》云："除夕图画二神形，傅于左右扉，名曰门神户尉。"南宋赵与时《宾退录》云："除夕，用镇殿将军二人甲胄装门神，亦曰门丞。今道家谓左曰门丞，右曰户尉。"宋孟元老《东京梦华录》卷十"十二月"条载有"近岁节市井皆印卖门神"，同卷"除夕"条还有"禁中呈大傩仪……用镇殿将军二人，亦介胄，装门神"之记载。明刻《绘图三教源流搜神大全》[①]则称："门神乃是唐朝秦叔保（宝）、胡敬德（尉迟敬德）二将军也"，后世沿袭遂永为门神。

门神一年一换。清顾禄《清嘉录》记苏州风俗，除夕"夜分

[①] 叶德辉序中又称其为元版《画像搜神广记》之异名。

| 绵竹年画：《门神》　高文、侯世武、宁志奇编《绵竹年画》

易门神。俗画秦叔宝、尉迟敬德之像，彩印于纸，小户贴之"。又引《吴县志》谓："门神，彩画五色，多写温、岳二神之像①，远方客多贩去，今其市在北寺、桃花坞一带。"

除贴门神外，还贴花花绿绿的年画。浙江绍兴一带，人们常称年画为花纸。清初潘荣陛《帝京岁时纪胜》载，旧时北京每年腊月初十以后街市"则卖卫画、门神、挂钱"。"卫画"即是天津杨柳青的年画。清富察敦崇《燕京岁时记》亦云北京"每至腊月，繁盛之区，支搭席棚，售卖画片。妇女儿童争购之。亦所以点缀年华也"。清李光庭著《乡言解颐》卷四《新年十事·年画》："扫舍之后，便贴年画，稚子之戏耳。然如《孝顺图》《庄

---

① 此"温"神或谓晋代之温峤，或谓东岳大帝属下之温将军；"岳"神即指岳飞。

稼忙》，令小儿看之，为之解说，未尝非养正之一端也。"亦即是说，北方农村把贴年画当作教育儿童、修养正道的一种方式。

近代成都民俗，除夕除了换桃符（春联）、贴门神之外，尚流行门额贴门前纸（又叫"贴喜门钱""门签"）。清周询《芙蓉话旧录》卷四《度岁》曰："洎除夕前二三日，公馆、铺户大都更换桃符。公馆大门皆悬桶灯一对，幂以红油纱。除夕之夜，以至初五，灯内一律炳烛，与新换桃符红辉掩映，亦表升平繁华之况。铺家悉悬簷灯，门上换贴五彩小门神，门额贴门前纸。门前纸者，以长七八寸，宽五六寸之红纸，凿成花纹，下作燕尾形，每贴必五张。"门前纸的功用，在于辟邪和装饰门框。

合年饭

除夕日间聚酺（pú，聚会饮酒），曰合年饭，或曰食年饭。吃团年饭是中国过年很重要的习俗。天涯的游子，在外地工作、求学、经商的人，至迟大年三十，都要赶回家，全家团团圆圆、高高兴兴吃一顿团年饭。吃年饭有许多讲究和忌讳。南朝梁宗懔《荆楚岁时记》载荆楚年俗："岁暮，家家具肴蔌诣宿岁之位，以迎新年。相聚酺饮。留宿岁饭，至新年十二日，则弃之街衢，以为去故纳新也。"清末富察敦崇《燕京岁时记》"年饭"条记北京吃年饭风俗："年饭用金银米为之，上插松柏枝，缀以金钱、枣、栗、龙眼、香枝，破五之后方始去之。"年饭要有余有剩，按传统习惯，正月初一至初五之内不得以生米为炊，第二年吃头年的饭，以取连年有余的吉兆。南方也有此俗。《清嘉录》"年饭"条记苏州吃年饭风俗："煮饭盛新竹箩中，置红橘、乌菱、荸荠（bí qi）诸果及糕元宝，并插松柏枝于上，陈列中堂，至新年蒸食之，取有余粮之意，名曰'年饭'。又预淘数日之米，于新年可支许时，亦供案头，名曰'万年粮米'。"

成都年俗，从腊月十六之后，均有吃年饭者，多数人家是在除夕合年饭。年饭桌上菜肴：腊肉香肠、鸡鸭鱼肉，不可或缺；红白萝卜、韭黄、芹菜、莴笋，冬令菜蔬，样样俱全。一年辛苦，大吃一顿，务必丰盛，方能讨得有余有剩的吉兆！清朝刘沅《蜀中新年竹枝词》："只鸡尊酒算奇珍，祭罢财神又土神。只恐旁人忘忌讳，不祥语至最堪嗔。"刘沅自注："除夕日祀神毕，一家聚食，谓之'年饭'，特忌妄言。"

欢乐的除夕之夜

除夕之夜，要祭神接灶，吃年夜饭，长辈给小孩发压岁钱，燃爆竹，玩耍达旦，谓之"守岁"。

祭先接神。祭先，即祭祀祖先；接神，即接灶神。旧俗，腊月二十四夜送灶神上天，谓之祀灶。除夕之夜，设馔燃炉，迎神而祭，谓之接灶。《清嘉录》记苏州习俗："安灶神马于灶陉之龛，祭以酒果糕饵，谓之接灶。谓自念四（二十四日）夜上天，至是始下降也，或有迟至上元夜接者。"

吃年夜饭。祭祀毕，则长幼聚饮，谓之吃年夜饭。《清嘉录》卷十二"年夜饭"条："除夜，家庭举宴，长幼咸集，多作吉利语。名曰年夜饭，俗呼合家欢。"苏州风俗，亦称年夜饭为分岁筵。分岁筵中，有一道安乐菜，以风干茄蒂杂果蔬为之，下箸必先尝此品。因为唐陈藏器《本草拾遗》云："茄，一名落

| 接神爆竹　　［日］青木正儿、内田道夫编《北京风俗图》

苏。"而吴语落、乐同音,落苏即乐苏,边吃边叫,以讨苏人快乐的口彩。北方民俗,盛行除夕包水饺。清李光庭著《乡言解颐》卷四《新年十事·水饺》:"除夕包水饺,谓之煮饽饽,亦犹上元元宵、端阳角黍、中秋月饼之类也。乡谣云:夏令去,秋季过,年节又要奉婆婆。快包煮饽饽。皮儿薄,馅儿多,婆婆吃了笑呵呵。媳妇费张罗。"

发压岁钱。吃过年夜饭,卑幼拜叩尊长,曰"辞岁";长辈给儿女钱物,叫"压岁钱"。《燕京岁时记·压岁钱》记京俗:"以彩绳穿钱,编作龙形,置于床脚,谓之压岁钱。尊长之赐小儿者,亦谓之压岁钱。"此风非京城独有,全国皆然。《清嘉录》称吴中"长幼度岁,互以糕果、朱提①相赉献,谓之压岁盘。长者贻小儿以朱绳缀百钱,谓之压岁钱。置橘荔诸果于枕畔,谓之压岁果子。元旦睡觉②时食之,取谶于吉利,为新年休征③。"成都风俗,除夕之夜卑幼拜于尊长,曰"辞年",尊长以钱赐于卑幼,曰"压岁钱"。筱廷《成都年景竹枝词·辞岁》咏压岁钱曰:"儿童行礼说辞年,长辈分他压岁钱。一见簇新原辫子,磕头领去喜连天。"

守岁。"守岁"风俗,源于西蜀,历史久远。据晋代周处《风土记》载:"蜀之风俗,晚岁相与馈问,谓之馈岁;酒食相邀,为别岁;至除夕达旦不眠,谓之守岁。"苏轼《记岁莫④乡俗三首》序:"岁晚相与馈问,为馈岁;酒食相邀,呼为别岁;至除夜,达旦不眠,为守岁。蜀之风俗如是。"南宋袁文《瓮牖闲评》谓:"守岁之事,虽近儿戏,然父子团圞(luán),把酒笑歌,相与竟夕不眠,正人家所乐为也。且古人无不守岁者,如少陵《杜位宅守岁》诗云:'守岁阿戎家。'苏东坡诗:'欲唤阿咸来守岁,林乌栎马斗喧哗。'皆是也。"宋孟元老《东京梦华录》卷十"除夕"条记当时东京开封除夕:"是夜禁中爆竹山呼,声闻于外。士庶之家,围炉团坐,达旦不寐。谓之'守岁'。"南宋周密《武林旧事》卷三"岁晚节物"条记南宋临安(今杭州)除夕,"至夜賁(fén)烛粎(shēn)盆⑤,红映

---

① 朱提:音铢时,即银的代称。
② 睡觉:指睡觉醒了之时。
③ 休征:指好兆头。
④ 莫:通"暮"。
⑤ 粎盆:旧俗于除夕夜燃麻秆焚松柴以祭祀祖先及神灵,谓之粎盆,又称烧火盆。

霄汉,爆竹鼓吹之声,喧阗彻夜,谓之'聒厅'。小儿女终夕博戏不寐,谓之'守岁'。"宋吴自牧《梦粱录》卷六"除夜"条亦说,这天夜里临安城爆竹声震如雷,如同白日,士庶"围炉团坐,酌酒唱歌,鼓□□□□□,谓之'守岁'。"北宋吕原明《岁时杂记》:"痴儿骏女,多达旦不寐。俗语云:'守冬爷长命,守岁娘长命。'"筱廷《成都年景竹枝词·守岁》一首:"新岁将临旧岁回,家家守岁意低徊。儿童相伴天明坐,笑问年从何处来。"明沈榜编著《宛署杂记》卷十七《上字·民风一·土俗》中"守岁"注:"宛①俗除夕,聚坐达旦,有古惜阴之意。"

古代燃爆竹,传说为惊山臊鬼。南朝梁宗懔《荆楚岁时记》注引《神异经》云:"西方山中有人焉,其长尺余,一足,性不畏人,犯之则令人寒热,名曰山臊②;人以竹著火中,烞熚(pò bì)有声,而山臊惊惮远去。"南宋陈元靓《岁时广记》卷四十"燎爆竹"条引李畋《该闻集》云:"爆竹辟妖。邻人有仲叟,家为山魈所祟,掷瓦石,开户牖,不自安。叟求祷之,以佛经报谢,而妖祟弥盛。畋谓叟曰:'公且夜于庭落中若除夕爆竹数十竿。'叟然其言,爆竹至晓,寂然安帖,遂止。"明代冯应京著《月令广义》说:"除夕,爆竹通宵达旦,所以震发春阳,阳消邪厉。"古人除夜燃爆竹,亦有祈愿人寿年丰之意。宋人庄绰撰《鸡肋编》卷上:"澧州③除夜,家家爆竹。每发声,即市人

---

① 宛:即宛平。
② 山臊:又作山猱、山魈、山獠、山獚鬼、独足鬼。
③ 澧州:今湖南省澧县。

| 大放爆竹　晚清《点石斋画报》

群儿环呼曰：'大熟'①，如是达旦。其送节物，必以大竹两竿随之。广南②则呼'万岁'③，尤可骇者。"送节物中有大竹两竿，相当于今人送鞭炮两串（或两饼）。

另外，除夕之夜，全家老小都要沐浴，洗掉旧岁的晦气，干干净净迎接新年到来。如果说扫舍、打扬尘是打扫环境卫生，除夕沐浴则是搞好个人卫生。这个习俗，最迟明代就有了，一直传承至今。明冯应京《月令广义》说："除夜宜沐浴，或得枸杞汤尤吉。"

---

① 大熟：指大丰收。
② 广南：今指两广地区。
③ 万岁：指长寿。

二·元旦

元旦，即农历正月初一，也叫正日。东汉崔寔《四民月令》："正月元旦，是谓正日。"春节，在汉代本指立春节，今以农历正月初一为春节。南宋吴自牧著《梦粱录》卷一"正月"条："正月朔日，谓之元旦，俗呼为新年。一岁节序，此为之首。"正月初一是岁之朝，时之朝，月之朝，三朝合一，万象更新！在中国人的眼中，春节是一年四季最盛大的传统节日。

礼仪与禁忌

据南朝梁宗懔《荆楚岁时记》所载：正月初一是一年、四季、十二月起始的一天。隋杜台卿撰《玉烛宝典》将正月叫作端月。这一天，当雄鸡高唱的时候，人们便开始迎接新年的礼仪活动，先在堂阶前燃放爆竹，用来辟除山臊恶鬼。全家老小穿戴整齐，依次祭祀祖先，祝贺新春。敬奉椒柏酒，喝桃汤水。饮屠苏酒，吃胶牙糖。吃五辛菜①，服"敷于散"②和"却鬼丸"③。每人吃一个鸡蛋。做两块桃木板，悬挂在门上，这桃木板叫作仙

---

① 五辛菜：又叫五薰或五荤，即韭、薤、蒜、芸薹、胡荽等五种有辛味的蔬菜。
② 敷于散：用柏子仁、麻仁、细辛、干姜、附子等粉碎为散，井华水服之。
③ 却鬼丸：用武都雄黄丹散二两，用蜡调和成弹丸状。

辛盘荐瑞　晚清《点石斋画报》

木。喝酒的次序是从年纪最小的开始,因为年轻人过年意味着长大了一岁,先喝酒有祝贺他的意思;老年人过年意味着又失去一岁,所以在后给他斟酒。这一切仪式,其目的都是驱鬼辟邪、炼形养生、祈福纳祥。

清潘荣陛《帝京岁时纪胜》记北京元旦风俗:"除夕之次,夜子初交,门外宝炬争辉,玉珂①竞响。肩舆②簇簇,车马辚辚。百官趋朝,贺元旦也。闻爆竹声如击浪轰雷,遍乎朝野,彻

---

① 玉珂:指马勒,以贝饰之,色白似玉,震动则有声。
② 舆:指轿子。

夜无停。更间有下庙之博浪鼓声,卖瓜子解闷声,卖江米白酒击冰盏声,卖桂花头油摇唤娇娘声,卖合菜细粉声,与爆竹之声,相为上下,良可听也。士民之家,新衣冠,肃珮带,祀神祀祖;焚楮帛①毕,昧爽阖家团拜,献椒盘,斟柏酒,饫蒸糕,呷粉羹。出门迎喜②,参药庙,谒影堂,具柬贺节。路遇亲友,则降舆长揖,而祝之曰:'新禧纳福'。"

清顾禄《清嘉录·岁朝》记苏州元旦风俗:"元旦为岁朝,比户悬神轴于堂中,陈设几案,具香蜡,以祈一岁之安。"

旧时,成都初一那天,天色黎明时候,全家衣冠整齐,燃香明烛,敬祀神祇和五方之神,叫"出天方"。当家人把诸事整理好了,就要向"喜神方"出行。喜神,即吉神,俗谓喜神所值方位为"喜神方"。关于喜神方的位置,皇历上早就注明了。如果皇历上说今年的喜神方在东,那么就朝东走;如果皇历上说今年的喜神方在西,那么就朝西走。每年的皇历不一样,喜神方的位置也不固定。走"喜神方",有的只走几步就转身,有的走好远。很多成都市民,走向喜神方向的各庙上香。初一这天,大人小孩都穿新衣、戴新帽、登新鞋,光鲜簇新,喜气洋洋。

说起春节的忌讳可多啦!其一,清代,北京风俗,初一至破五③,妇女不得出门;成都人,初一多不出门,因为初一是单日,根据"单进双出"的谚语,很多人都在家里耍。其二,《帝京岁时纪胜·禁忌》:"元旦不食米饭,惟用蒸食米糕汤点,谓

---

① 楮帛:指纸钱。
② 喜:即喜神。
③ 破五:指初五。

一年平顺，无口角之扰。"其三，讳啜①粥及汤茶淘饭。其四，禁止说鬼，禁止打小孩。其五，《帝京岁时纪胜·禁忌》：元旦"不洒扫庭除，不撮弃渣土，名曰聚财。"成都风俗，初一这天禁止扫地，怕把财运扫走了。腊月三十下午就要把里里外外扫干净，过了初一才扫地，谓之"扫隔年地"。其六，又禁倾秽、溅②粪、倒渣滓，过年这几天产生的垃圾，初五才倾倒，谓之"送穷"。其七，禁动刀剪针线之类。这些禁忌的实质，不外乎全家团聚，让一年累到头的家庭妇女，好好休息一下。

各式拜年

元旦拜年之风。《清嘉录·拜年》："男女以次拜家长毕，主者率卑幼出谒邻族戚友，或止遣子弟代贺，谓之拜年。至有终岁不相接者，此时亦互相往拜于门。门首设籍③，书姓氏，号为'门簿'。鲜衣炫路，飞轿生风。静巷幽坊，动成哄市。薄暮至人家者，谓之'拜夜节'。初十日外，谓之拜灯节。""琳宫梵宇④，亦交相贺岁。或粘红纸袋于门以接帖，署曰'接福'，或曰'代僮'。"至于是亲自登堂拜年，还是派人持帖拜年，则视关系亲疏而定。正如《燕京岁时记》所言："亲者登堂，疏者投刺而已。"清阙名《燕京杂记》记清代北京"正月初旬，拜年者踵门，疾呼接帖，投一名刺，恩恩驰去，多不面晤主人。

---

① 啜：音chuò，指吃。
② 溅：音jiǎn，指泼、倾。
③ 籍：指签到簿。
④ 琳宫梵宇：指道观寺庙。

| 拜年　晚清《点石斋画报》

司阍者①记其姓名于册，多有不识者。倘无司阍者，客到嫌于启门，贴一纸囊于门外，外写'请留尊柬'四字，拜者投刺于中即去。"投刺又叫飞帖。《清嘉录·飞帖》曰："有遣仆投红单刺至戚若友家者，多不亲往，答拜者亦如之，谓之飞帖。"飞帖拜年，类似近代派人持名片拜年。这种有帖到而人不到的贺节方式，宋代已经风行，其时称投刺，或曰投门状，南宋周密《癸辛杂识》和周煇《清波杂志》二书均有记载。《癸辛杂识》前集《送刺》曰："节序交贺之礼，不能亲至者，每以束刺佥（通

---

① 司阍者：指看门人。

签）名于上，使一仆遍投之，俗以为常。……昔日投门状，有大状、小状，大状则全纸，小状则半纸。今时之刺，大不盈掌，足见礼之薄矣。"大不盈掌之刺，与后来的名片相似。清人褚人穫《坚瓠集》云："拜年帖，国初（清初）用古简，有称呼。康熙中，则易红单，书某人拜贺。素无往还，道路不揖者，而单亦及之。"清末民初成都春节也兴名片拜年，谓之曰"飞名片"。清周询《芙蓉话旧录》卷四《度岁》云："元旦彼此贺年，除至亲密友须亲到外，余多遣人投名片。当时名片以红纸印刷，长四寸许，宽约三寸，名字如胡桃大。铺户无司阍人，投片者皆随带表糊少许，将片粘悬其门外，以示曾到。"

食俗与娱乐

元旦的饮食，素来有讲究。先说清代的北京，据《燕京岁时记》说："是日，无论贫富贵贱，皆以白面作角而食之，谓之煮饽饽，举国皆然，无不同也。富贵之家，暗以金银小锞及宝石等藏之饽饽中，以卜顺利。家人食得者，则终岁大吉。"煮饽饽，即包水饺，北方人的风俗，并非"全国皆然"。苏吴地区，元旦食粉丸①、糍糕②和春饼。成都初一这天也不吃米饭，因为"饭"字和"犯"字同音，所以初一早、午都是吃汤圆或挂面。汤圆取其团圆，挂面取其长远的意思。以上是就元旦民众食俗而言，至于达官贵人有钱人家，元旦招待拜节客人的肴馔则甚为丰

---

① 粉丸：指汤圆。
② 糍糕：指年糕。

盛。潘荣陛《帝京岁时纪胜》描述其场面，说："至于酹酢之具，则镂花绘果为茶，十锦火锅供馔。汤点则鹅油方补，猪肉馒首，江米糕、黄黍饦；酒肴则醃鸡腊肉，糟鹜风鱼、野鸡爪、鹿兔脯；果品则松榛莲庆、桃杏瓜仁、栗枣枝圆、楂糕耿饼、青枝葡萄、白子岗榴、秋波梨、苹婆果、狮柑凤橘、橙片杨梅。杂以海错山珍，家肴市点。纵非亲厚，亦必奉节酒三杯。若至戚忘情，何妨烂醉！俗说谓新正拜节，走千家不如坐一家。而车马喧阗，追欢竟日，可谓极一时之胜也矣。"

元旦日街市停贸易，关门闭户。清宣统元年刊傅崇矩编《成都通览》说："（元旦日）只有小本营生者，专售小儿女之钱，如甘蔗、橘子、面食、凉粉、花炮、响簧、小灯、大头和尚、戏脸壳、灯影、糖饼、花生、升官图、纸牌、骰子之类。"

初一至十五

元旦是春节，但春节活动一直要延续到正月十五元宵。我们以成都为例，把这段时间的民俗也交代一下。到初二这天，街上卖"拨浪鼓"的，卖风车儿的，卖糖的，卖各种玩意儿的，非常拥挤。人们开始出门，成群结队，走亲串戚，四处拜年。人们涌向热闹的地方，诸如武侯祠、青羊宫、草堂寺、望江楼等一些名胜古迹去游览。初二拜年不周、游览不完的地方，初三、初四继续进行。

初五，俗谓"破五"，拜年到今天结束。自初一起，人家禁洒扫，至这天，各家扫渣滓、爆竹灰倾于途，谓之"送五穷"①。同时，正月初五，俗传是五路财神②的生日，各商铺开始营业。一大早就金锣爆竹、牲礼毕陈，以迎接财神。《成都通览》说："初一日，商铺即有开张者，谓之提门，随即掩闭，不过用红绫纸锞挂上招牌耳。初二日后，提门者甚多。其大开张之日，均另择吉期。"

初六至十五，是闹新年的时间。正月初七俗称"人日"。"人日"是个古老的节日，在中国至少有两千年以上的历史。汉东方朔《占书》称："岁后八日，一日鸡，二日犬，三日豕，四日羊，五日牛，六日马，七日人，八日谷。其日晴，所主之物育，阴则灾。"晋议郎董勋《答问礼俗》亦云："正月一日为鸡，二日为狗，三日为猪，四日为羊，五日为牛，六日为马，七日为人，八日为谷。缕［镂］金以相遗，改旧从新之意也。"据南朝梁宗懔《荆楚岁时记》记载，两汉魏晋时，江南一带的人在"人日"这天的习俗是：把七种菜（如芹菜、荠菜、菠菜、青葱、大蒜、厚合、芥蓝等）合煮成羹，在人日这天吃，可祛病辟邪、人口平安；并用五彩绢绸剪刻成人形，贴在屏风上或插戴在发间，一方面作装饰，另一方面也祈福辟邪。"人日"如天晴，则表示人丁兴旺。成都还有人日游草堂寺的习俗，市民览胜，文人题诗。唐代诗人高适有诗云："人日题诗寄草堂，遥怜故人思故乡。"

正月初九又叫"上九"，这天传说是玉皇上帝的诞辰。清潘

---

① 五穷：指智穷、学穷、文穷、命穷、交穷。
② 五路财神：又称路头神。

荣陛《帝京岁时纪胜·正月》："初九日为天诞，禁屠宰。大高玄殿建皇坛，各道观设醮，拜朝天忏，赐福解厄。"闽南一带有上九"供天公"的习俗，亦有已嫁妇女生男孩者，母家送各式灯以贺"添丁"①。或已婚未育妇人在灯棚下钻来钻去，以求生育添丁。老成都风俗，街坊用木搭成很高的架，上面交叉挂起许多纸糊的白果灯，据说点白果灯可以避免一切瘟疫。这天尤其热闹，男女赴玉皇观、武侯祠，烧香者络绎不绝。于是日起，沿街挂灯，各庙宇、各人户，均点灯笼，谓之"上灯"②，直点至十六日为止。城乡装扮龙灯、狮子灯。龙灯分三类：有摆龙、双龙、火龙的区别。灯彩有狮龙、竹马、走马、鳌山、采莲船等诸种名称。这天，新嫁了女儿的人家举行"送灯"，由娘家买一盏漂亮的台灯，和面粉制成的小老鼠，送到婆家，据说如此才可以多生小孩。新妇于数日内归宁③，曰"躲灯"。

---

① 添丁：闽南语中，灯读如丁，故添灯有添丁之意。
② 上灯：又称出灯。
③ 归宁：指回娘家省亲。

三·元宵

农历正月十五日为元宵节，俗称过"大年"。道家以孟春、孟秋、孟冬之望①为三元，即正月十五为上元，七月十五为中元，十月十五为下元。上元之夜为元宵，亦称元夜、元夕。元宵的中心活动是燃灯，故元宵节又叫灯节。

元宵燃灯源与流

过去有一种说法，以为上元燃灯沿袭汉朝祀太一②自昏至昼的故事，清末俞樾《茶香室三钞》卷一《上元张灯缘起》已辨此说之不可靠。迄今能查到的上元张灯最早记载是南朝梁简文帝的《列灯赋》，其中两句："何解冻之嘉月，值萐莆之盛开。""解冻之嘉月"，即孟春之月，出自《礼记·月令》所言孟春之月"东风解冻"。萐莆，古代传说中的瑞草。南朝梁沈约《宋书·符瑞志上》："又有草夹阶而生，月朔始生一荚，月半而生十五荚，十六日以后，日落一荚，及晦而尽，月小则一荚焦而不落，名曰'萐莆'，一曰'历荚'。"故，"值萐莆之盛

---

① 孟春指正月，孟秋指七月，孟冬指十月，望则指每月的十五日。
② 太一：指北极神。

| 元宵灯市　　［日］青木正儿、内田道夫编《北京风俗图》

开",指十五日。可知,南朝梁时(公元502—557年)已有正月十五张灯的习俗。而在北朝周、隋以来民间流行正月十五"作角抵之戏"的娱乐活动[①],开始统治阶级认为这种民间文艺活动是"以秽嫚为欢娱,用鄙亵为笑乐",以此为由,加以禁止。《隋书》卷六十二《柳彧传》载:"或见近代以来,都邑百姓每至正月十五日,作角抵之戏,递相夸竞,至于糜费财力,上奏请禁绝之,曰:'……窃见京邑,爰及外州,每以正月望夜,充街塞陌,聚戏朋游。鸣鼓聒天,燎炬照地,人戴兽面,男为女服,倡

---

① 这类娱乐活动类似于今日北方农村尚存的"社火"。

优杂技，诡状异形。以秽嫚为欢娱，用鄙亵为笑乐，内外共观，曾不相避。高棚跨路，广幕陵云，袨服靓粧，车马填噎。肴醑肆陈，丝竹繁会，竭赀破产，竞此一时。尽室并孥，无问贵贱，男女混杂，缁素不分。秽行因此而生，盗贼由斯而起。浸以成俗，实有由来，因循敝风，曾无先觉。非益于化，实损于民，请颁行天下，并即禁断。……'诏可其奏。"又《隋书》卷四十六《长孙平传》："朝廷以平所在善称，转相州①刺史，甚有能名。在州数年，会正月十五日，百姓大戏，画衣裳为鏊甲之象，上怒而免之。"但是，民间的娱乐活动，"浸以成俗"最终便成了统治者不得不承认的节日。《隋书》卷三《炀帝纪上》载大业六年正月"丁丑②，角抵大戏于端门街，天下奇伎异艺毕集，终月而罢。帝数微服往观之。"隋炀帝微服往观的角抵大戏，已不仅仅是北朝民间流行的"闹社火"活动，而是吸纳了南朝上元张灯的习俗，元宵节逐渐成形。这一点，在北宋司马光编著的《资治通鉴·隋纪五》有明确记载：炀帝大业六年正月"帝以诸蕃酋长毕集洛阳，丁丑，于端门街盛陈百戏，戏场周围五千步，执丝竹者万八千人，声闻数十里，自昏至旦，灯火光烛天地；终月而罢，所费巨万。自是岁以为常。"故元朝胡三省注曰："丁丑，正月十五日。今人元宵行乐，盖始盛于此。"到了唐代，中国固有的上元张灯和元宵行乐的风俗又融合了胡僧正月望日燃灯敬佛的宗教习俗，于是张灯行乐遂成元宵节的定式。《旧唐书》卷九十九

---

① 相州：今河北省安阳市。
② 丁丑：指十五日。

《严挺之传》："睿宗好乐，听之忘倦，玄宗又善音律。先天二年正月望，胡僧婆陀请夜开门燃百千灯，睿宗御延喜门观乐，凡经四日。又追作先天元年大酺，睿宗御安福门楼观百司酺宴，以夜继昼，经月余日。"北宋王溥撰《唐会要》卷四十九《燃灯》："天宝三载十一月勅：每载依旧正月十四、十五、十六日开坊市燃灯，永为常式。"唐朝的灯节，以睿宗李旦和玄宗李隆基两朝最为盛况空前。唐张鷟撰《朝野佥载》卷三："睿宗先天二年正月十五、十六夜，于京师安福门外作灯轮高二十丈，衣以锦绮，饰以金银，燃五万盏灯，簇之如花树。宫女千数，衣罗绮，曳锦绣，耀珠翠，施香粉。一花冠、一巾帔皆万钱，装束一妓女皆至三百贯。妙简长安、万年少女妇千余人，衣服、花钗、媚子亦称是，于灯轮下踏歌三日夜，欢乐之极，未始有之。"宋李昉编《太平广记》卷七十七《方士二·叶法善》引《广德神异录》："唐玄宗于正月望夜，上阳宫大陈影灯，设庭燎。自禁门望殿门，皆设蜡炬，连属不绝，洞照宫室，荧煌如昼。时尚方都匠毛顺，心多巧思，结构缯彩，为灯楼十二间，高百五十尺，悬以珠玉金银，每微风一至，锵然成韵。仍以灯为龙凤虎豹腾跃之状，似非人力。"

宋朝元宵张灯时间，从唐朝的三夜增加到四夜，甚至五夜。南宋陈元靓《岁时广记》引《岁时杂记》："张乖崖帅蜀，增十三日一夜灯，谓之挂搭，不敢明言四夜灯。三数年来，杭、益先为五更观灯。尔后诸郡，但公帑民力可办者，多至五夜。"另据南宋王栐撰《燕翼诒谋录》卷三载："国朝故事，三元张灯。太祖乾德五年正月甲辰，诏曰：'上元张灯，旧止三夜，今朝廷无事，区宇乂安，方当年谷之丰登，宜纵士民之行乐，其令开封府更放十七、十八两夜灯。'后遂为例。"可见开封府早自太祖赵匡胤起，便是元宵放灯五夜，即正月十四日张灯，至十八日夜收灯。

明刘侗、于奕正合撰《帝京景物略》卷二《灯市》："太祖初建南都，盛为彩楼，招徕天下富商，放灯十日。今①北都灯市起初八，至十三而盛，迄十七乃罢也。灯市者，朝逮夕，市；而夕逮朝，灯也。市在东华门东，亘二里，市之日，省直之商旅，夷蛮闽貊（mò）之珍异，三代八朝之骨董，五等四民之服用物皆集。衢三行，市四列，所称'九市开场，货随队分，人不得顾，车不能旋，阗城溢郭，旁流百廛'也。市楼南北相向，朱扉绣栋，素壁绿绮疏，其设氍毹②帘幙③者，勋家、戚家、宦家、豪右家眷属也。向夕而张灯（灯则烧珠，料丝则夹画、堆墨等，纱则五色，明角及纸及麦秸，通草则百花、鸟兽、虫鱼及走马等）④，乐（乐则鼓吹、杂耍、弦索，鼓吹则《橘律阳》《撼东山》《海青》《十番》，杂耍则队舞、细舞、筒子、觔斗、蹬罈、蹬梯，弦索则套数、小曲、数落、打碟子。其器则胡

---

① 今：指明朝崇祯年间。
② 氍毹：音qú shū，毛织的地毯。
③ 幙：音mù，古同"幕"。
④ 烧珠，琉璃制成的珠子。此处是指"烧珠灯"。料丝灯出滇南。用玛瑙、紫石英诸料，捣为屑，煮粉如腐，点凝后缫之为丝，织如娟状。上可绘人物山水，所谓"夹画、堆墨"，当即绘制的工艺。明角，当即羊角灯。

拨四、土儿密失、叉儿机等）①作，烟火（烟火则以架以盒，架高且丈，盒层至五。其所藏械：寿带、葡萄架、珍珠帘、长明塔等）施放。于斯时也，丝竹肉声，不辨拍煞，光影五色，照人无妍媸，烟胃②尘笼，月不得明，露不得下。永乐七年，令元宵节赐百官假十日。今市十日，赐百官假五日。"明朝永乐年间规定上元节为三天，一般是正月十四日试灯，十五日正灯，十六日残灯。乡村过灯节的情况，贫富悬殊，各家不同。明刘侗、于奕正合撰《帝京景物略》卷二《春场》记北方农村灯节，说："（正月）十一日至十六日，乡村人缚秫秸作棚，周悬杂灯，地广二亩，门径曲黠，藏三四里，入者误不得径，即久迷不出，曰'黄河九曲灯'也。十三日家以小琖（zhǎn）一百八枚，夜灯之，遍散井灶门户砧石，曰'散灯'也。其聚如萤，散如星。富者灯四夕，贫者灯一夕止，又甚贫者无灯。"明沈榜编著《宛署杂记》卷十七《上字·民风一·土俗》记明代北京元宵节，其"元宵游灯市"注："每年正月初十日起至十六日止，结灯者，各持所有，货于东安门外迤北大街，名曰灯市。灯之名不一，价有至千金者，是时四方商贾辐辏，技艺毕陈，珠石奇巧，罗绮毕具，一切夷夏古今异物毕至。观者冠盖相属，男妇交错。近市楼屋赁价一时腾踊，非有力者率不可得。十四日曰试灯，十五日曰正

---

① "胡拨四、土儿密失、叉儿机"这三种乐器连称，又见于方以智《通雅》："今京师有吴拨四、土儿密失、叉儿机等。"胡拨四有浑不似、琥珀词诸名，而另两种为何物，俱未详。《日下旧闻考》改三器译名为"和必斯、都哩默色、察尔奇"，并云：都哩，蒙古语式样也；默色，器械也。察尔奇，满洲语札板也。仍难与现代的乐器相比认。

② 音juàn，挂。

灯，十六曰罢灯。"又"放烟火"注："用生铁粉杂硝、磺、灰等为玩具，其名不一，有声者，曰'响砲'，高起者，曰'起火'。起火中带砲连声者，曰'三级浪'。不响不起，旋绕地上者，曰'地老鼠'。筑打有虚实，分两有多寡，因而有花草人物等形者，曰'花儿'。名几百种，其别以泥函者，曰'砂锅儿'。以纸函者，曰'花筒'。以筐函者，曰'花盆'。总之曰'烟火'云。勋戚家有集百巧为一架，分四门次第传爇，通宵不尽，一赏而数百金者。"

清代，《燕京岁时记·灯节》载："自（正月）十三以至十七日均谓之灯节，惟十五日谓之正灯耳。"

清光绪元年刊《定远县志》载定远县（今四川武胜县）："元宵节前后，乡间扎龙与狮子，鸣锣击鼓，幼童执花灯十余盏，榜曰'庆贺太平'，周游人家，其首事者执牌灯，上书'风调雨顺，国泰民安'及'皇王有道家家乐，天地无私处处春'字样。主人着衣冠出迎龙狮，至家舞跃，多放爆竹，扫除瘟疫，主宾拜揖，共祝升平，齐呼万岁，喧哗狂喜。主人陈设酒馔布席，男子着彩衣，演唱时曲杂戏文，名曰'风搅云'，又曰'包袱班'。缙绅家亦喜为之。其亦'百日之蜡，一日之泽'之遗意欤。"

火树银花不夜天

十五日过"大年"，晚上闹"元宵"，家家都要做汤圆在屋里敬神，亲戚邻里互相馈送汤圆。市井祠庙，结棚张灯，光明如昼。

李家瑞《北平风俗类徵》引让廉《京都风俗志》描述清代北京元宵节的景象："正月十五日为上元节，祭神，以元宵为献，

俗谓之'灯节'。三街六市，前后张灯五夜。其灯有大小、高矮、长短、方圆等式，有纱纸、琉璃、羊角、西洋之别，其绘人物，则《列国》《三国》《西游》《封神》《水浒》《志异》等图，花卉则兰、菊、梅、桂、萱、竹、牡丹，禽兽则鸾、凤、龙、虎以至马、牛、猫、犬与鱼、虾、虫、蚁等图，无不颜色鲜美，妙态传真，品目殊多，颇难枚举，而最奇巧者为冰灯，以冰琢成人物花鸟虫兽等像，冰以药固之，日久不消，雕刻玲珑，观者嘉赏。而豪家富室，演放花盒。先是市中搭芦棚于道侧，卖各色花盒爆竹，堆挂如山，形式名目，指不胜屈，其盒于晚间月下，火燃机发，则盒中人物花鸟，坠落如挂，历历分明，移时始没，谓之一层，大盒有至数层者。其花则万朵零落，千灯四散，

| 京师放灯　　晚清《点石斋画报》

新奇妙制,殊难会意。近日亦有洋式制造者,尤变幻百出,穷极精巧,不可名状。又有好事者,于灯月之下,为藏头诗句,任人猜揣,谓之'灯谜',俗曰:'灯虎'。此五夜,凡通衢委巷,灯光星布珠悬,皎如白昼,喧阗彻旦,人家铺肆,筵乐歌吹。市食则蜜食糖果,花生瓜子,诸品果蓏①。王孙贵客,士女儿童,倾城出游,谓之'逛灯',车马塞途,几无寸隙。茶楼则低唱高歌,酒市则飞觞醉月,笙簧鼓乐,喝采狂呼,斯时,声音鼎沸,月色灯光,而人不觉为夜也。"

清代苏州闹元宵,又是另一番景象。清顾禄《清嘉录》云:"元宵前后,比户以锣鼓铙钹,敲击成文,谓之'闹元宵',有跑马、雨夹雪、七五三、跳财神、下西风诸名。或三五成群,各执一器,儿童围绕以行,且行且击,满街鼎沸,俗呼'走马锣鼓'。""好事者,巧作隐语,粘诸灯。灯一面覆壁,三面贴题,任人商揣,谓之'打灯谜'。谜头皆经传诗文、诸子百家、传奇小说及谚语什物、羽鳞虫介、花草蔬药,随意出之。中者,以隃糜②、陟釐③、不律④、

元宵节放烟火架
《金瓶梅》四十二回绣像

---
① 蓏:音luǒ,指瓜类植物的果实。
② 隃糜:音yú mí,指墨。
③ 陟釐:指纸。
④ 不律:指笔。

端溪①、巾扇、香囊、果品、食物为赠，谓之'谜赠'。城中有谜之处，远近辐辏，连肩挨背，夜夜汗漫，入夏乃已。""是夜，俗又呼为'灯节'，比户燃双巨蜡于中堂，或安排筵席，互相宴赏。神祠会馆，鼓乐以酬，华灯万盏，谓之'灯宴'。游人以看灯为名，逐队往来，或杂遝于茶炉酒肆之间，达旦不绝。桥梁植木桅，置竹架如塔形，逐层张灯其上。沿河神庙，亦植竿引索悬灯，云'造桥灯'，皆以禳祓②。"

清乾嘉时候，罗江才子李调元曾写下三首成都观灯诗。其一，《正月十四日至成都是夜观灯》："试灯节届渐闻声，次第鳌山压锦城。十字楼头星共灿，万家门口月初明。管弦奏处莺吭滑，簾箔钩时翠黛横。老病连年游兴浅，衔杯谁与话衷情。"其二，《元宵》："灯遇元宵尽力张，暗尘滚滚逐人忙。烛天火树三千界，照地银花十二行。宝马长嘶成队醉，油车细碾遍街香。谁知月到团圆夜，早已微销一线光。"其三，《十六日夜再观灯》："明日留君君漫猜，残灯尚可酌金罍。龙经烧尾犹蟠舞，马为抽心却倒回。玉漏频催门渐掩，金吾收禁户长开。倚栏听得游人说，明岁还邀旧伴来。"十五夜烧龙灯，闹年达到高潮。那天晚上，城门不关锁，任随龙灯自由出入，市民和各政府机关预备大批爆竹火花烧龙，龙灯一烧，新年本该过完了！像李调元十六日夜所见"龙经烧尾犹蟠舞"，民间谓之"过涎皮（脸）年"！也就是说，大家太喜欢中国人民的传统春节了，节兴未

---

① 端溪：指砚。
② 祓：音fú，古指除灾祈福的仪式。

尽，留恋不舍，还想耍，还要闹！无可奈何之下，只好相约"明年还邀旧伴来"！

古代的灯多为油灯，因此元宵灯节的辉煌热闹程度，常以耗费的灯油多少来计算。北宋人庄绰撰《鸡肋编》卷上云："成都元夕，每夜用油五千斤，他可知其费矣。"亦有以薪火为灯者。《鸡肋编》卷上又云："宁州①城依北山，遇上元节，于南山巅维一绳，下达其麓，以瓦缶盛薪火，贯以环索，自上坠下，遥望如大奔星，土人呼为'慧星灯'。"

小女行卜迎紫姑

元宵之夜尚有一传统信仰习俗，即妇女迎接紫姑神，以之占卜蚕事的好坏，并占卜诸事的吉凶，名曰"赛紫姑神"②。紫姑神的来历见南朝宋刘敬叔撰《异苑》卷五："世有紫姑神，古来相传云是人家妾，为大妇所嫉，每以秽事相次役。正月十五日，感激而死。故世人以其日作其形，夜于厕间或猪栏边迎之。祝曰：'子胥不在'，是其婿名也；'曹姑亦归'，曹即其大妇也；'小姑可出'。戏投者觉重，便是神来。奠设酒果，亦觉貌辉辉有色，即跳蹙不住。能占众事，卜未来蚕桑。"

怎么作紫姑神之形？又怎么迎神？明刘侗、于奕正合撰《帝京景物略》卷二《春场》说："（正月）望前后夜，妇女束草人，纸粉面，首帕衫裙，号称'姑娘'，两童女掖之，祀以马粪，打

---

① 宁州：今甘肃省庆阳市宁县。
② 赛紫姑神：又叫卜紫姑神。

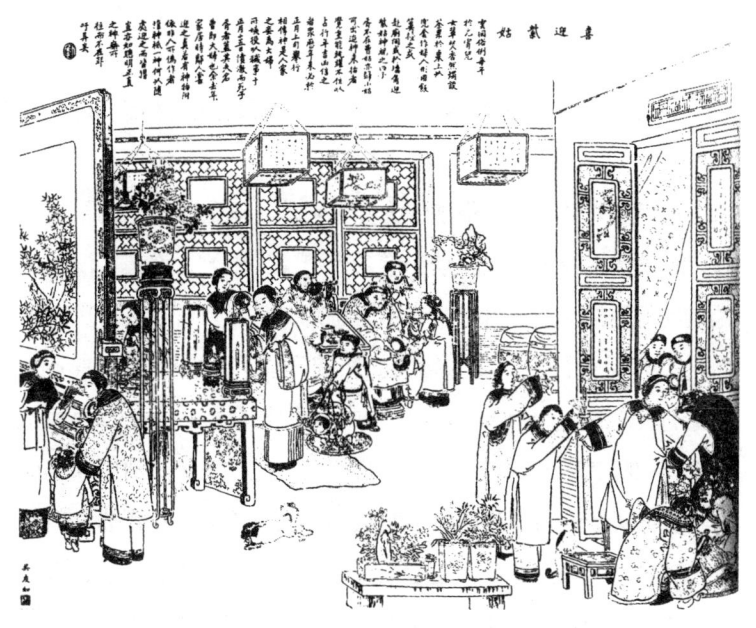

喜迎紫姑　晚清《点石斋画报》

鼓歌马粪芗歌，三祝，神则跃跃，拜不已者休，倒不起，乃咎也。"迎紫姑神纯为妇女之事，男子不得至，"男子冲而仆"。也有用扫帚，甚至烂扫帚穿衣扮紫姑者。李家瑞《北平风俗类徵·岁时》引《燕都杂咏》曰："敝帚挂红裳，齐歌《马粪香》，一年祝如愿，先拜紫姑忙。"注云："正月闺中用帚插花穿裙，迎紫姑神于厕，以占休咎。"清顾禄《清嘉录》称："敝帚系裙以卜，名'扫帚姑'。"南宋范成大说："多婢子辈为之。"

唐代流行赛紫姑神习俗反映在诗歌中，便有李商隐的三首诗。例如《圣女祠》诗中的"消息期青雀，逢迎异紫姑"句，《昨日》诗中的"昨日紫姑神去也，今朝青鸟使来赊"句，以及

《正月十五夜闻京有灯恨不得观》全诗："月色灯光满帝都，香车宝辇隘（一作向）通衢。身闲不睹中兴盛，羞逐乡人赛紫姑。"从"羞逐乡人赛紫姑"句，可见赛紫姑神的风俗盛行于乡村。

宋代迎紫姑神的习俗演变为神灵附体、画灰盘作字的扶乩迷信。北宋沈括撰《梦溪笔谈》卷二十一《异事》，说："旧俗正月望夜迎厕神，谓之紫姑。亦不必正月，常时皆可召，予少时见小儿辈等闲则召之，以为嬉笑。亲戚间曾有召之而不肯去者，两见有此，自后遂不敢召。景祐中，太常博士王纶家，因迎紫姑，有神降其闺女，自称上帝后宫诸女，能文章，颇清丽，今谓之《女仙集》，行于世。其书有数体，甚有笔力，然皆非世间篆隶。其名有'藻笺篆''茁金篆'十余名。纶与先君有旧，余与其子弟游，亲见其笔迹。其家亦时见其形，但自腰以上见之，乃好女子，其下常为云气所拥，善鼓筝，音调凄婉，听者忘倦……后女子嫁，其神乃不至，其家了无祸福。为之记传者甚详。此余目见者，粗志于此。近岁迎紫姑仙者极多，大率多能文章歌诗，有极工者，余屡见之，多自称蓬莱谪仙，医卜无所不能，棋与国手为敌。然其灵异显著，无如王纶家者。"北宋朱彧撰《萍洲可谈》卷三《紫姑神》，记赛紫姑下神扶乩情景："古传紫姑神，近世尤甚。宣和初禁之，乃绝。尝观其下神，用两手扶一筲箕，头插一箸，画灰盘作字，加笔于箸上，则能写字，与人应答，自称'蓬莱大仙'，多女子也。"另一方面，妇女束草为人和以敝帚穿裙的赛紫姑神卜休咎的习俗，明清乃至近代，尚有赛紫姑神之遗意曰"请七姑娘"留存于民间。民国二十四年刊四川《云阳

县志》载元宵之夜,"妇女相约请七姑娘,古紫姑卜也。有倦而假寐者[1],向之诵咒,须臾径起,观者唱俚歌小曲,即前却应节,蹁跹而舞,歌声一和,舞乃尽态,而目故未开也。歌止即顿仆,连呼令醒,问顷何作,都不知也。"

元宵节的食俗

元宵节吃什么?自宋朝开始,便有特定的食俗。南宋陈元靓《岁时广记》卷十一引《岁时杂记》曰:"京师上元节食焦䭔(duī),最盛且久。又大者名栢头焦䭔。凡卖䭔必鸣鼓,谓之䭔鼓。每以竹架子出青伞,缀装梅红缕金小灯毬儿,竹架前后亦设灯笼,敲鼓应拍,团团转走,谓之打旋。罗列街巷,处处有之。"《玉篇》:"蜀呼蒸饼曰䭔。"也叫䭔子。焦䭔,可能是烧饼一类的食品。《岁时广记》卷十一又引《岁时杂记》曰:"京人以菉豆粉为科斗羹。煮糯为丸,糖为䭔[2],谓之圆子。盐豉捻头,杂肉煮汤,谓之盐豉汤。又如人日造茧,皆上元节食也。"其中最引人注意的是"煮糯为丸,糖为䭔,谓之圆子",这就是后来的汤圆,不过当时的圆子是没有馅的,而是蘸糖䭔吃。

清代,元宵节吃汤圆,南北风俗皆然。清富察敦崇《燕京岁时记·灯节》:"市卖食物,干鲜俱备,而以元宵为大宗。亦所以点缀节景耳。"清徐珂编《清稗类钞·饮食类二》:"汤圆,一曰汤团。北人谓之曰'元宵',以上元之夕必食之也。然

---

[1] 假寐者:指扮七姑娘的假寐者。
[2] 䭔:音hù,糖䭔即糖浆。

实常年有之。屑米为粉以制之。粉入水,沉淀之使滑而制成者,为挂粉汤圆,有甜咸各馅。亦有无馅者,曰'实心汤圆'。"清顾禄《清嘉录》记苏州元宵节吃圆子油䭔,"上元,市人簸米粉为丸,曰'圆子'。用粉下酵裹馅,制如饼式,油煎,曰'油䭔'。为居民祀神享先节物"。顾禄说,这种节俗"盖始于永乐十年,元夕以糖圆、油饼为节食,岁以为常,见《皇明通纪》"。民国二十五年刊《浙江新志》称:正月十五日元宵节,"筛粉作圆,名'灯圆',或设宴飨客,谓'元宵酒'"。民国十一年刊浙江《杭州府志》载:正月,"俗于十五日夜,各以米团供神并祖先讫,大小分食之,谓之'灯圆',取团圆之意。亦有于十三夜作米圆,谓之'上灯圆';十七夜作米圆,谓之'落灯圆'。"据说明朝万历年间就盛行这种节俗。

成都过元宵节必吃汤圆。清嘉庆二十一年刊《华阳县志》载:正月"十五日,俗谓之'元宵'。人家碎米为丸,曰'糖圆',以相馈遗。"吃汤圆,寓意团圆。乾隆时双流人刘沅《蜀中新年竹枝词》咏元宵词曰:"月团圞处贺元宵,花满灯棚酒满瓢。不费千金闲觅得,夜深还上'七星桥'。"[1]"底事家家饷粉丸,春宵月色助盘餐。缺时不比圆时好,珍重郎君仔细看。"[2]清人吴德纯《锦城新年竹枝词》指出食品元宵又名汤圆取意团圆:"食品元宵巧制难,浮圆甘美簇春盘。佳名爱取团圞意,笑指郎君仔细看。"

---

[1] 刘沅自注:俗编竹系灯,名曰"灯棚"。
[2] 刘沅自注:元宵,俗作粉丸,互相遗赠。

立春何用更相催

立春、迎春

旧历年光看卷尽,立春何用更相催。
——唐·李郢《立春一日江村偶兴》

春日春盘细生菜,忽忆两京梅发时。
——唐·杜甫《立春》

立春，又称「打春」「报春」，是二十四节气之一。立春代表春季的开始。农谚有「春打六九头」之说。冬至开始数九，立春在「六九」的第一天，即冬至后的第四十六天，通常在公历的二月五日前后。立春这一节气早在先秦时期就已经出现了，《左传》僖公五年：「凡分、至、启、闭，必书云物，为备故也。」分，春分、秋分；至，夏至、冬至；启，立春、立夏；闭，立秋、立冬。

从先秦时期起，立春日迎春就成为先民一项重要活动，也是历代帝王和庶民都要参加的迎春庆贺礼仪。宋以后，立春前一天的迎春牛以及立春日的鞭春活动更加热闹，充满浓厚的节日气氛。明清时代，国家规定了法定的迎春礼仪，民间盛行社火迎春，遂将迎春活动推向高潮。自宋及明清至民国，迎春风俗演化成「报春」「迎春」「点春」「春台」「打春」等几道程序。

一·春官报春

"立春"前一日,春官扮成财神,或着戏装,或戴面具,手敲着小锣鼓,口唱迎春的赞词,挨家挨户送木刻春牛图或历书。一张红纸印的春牛图上,印有一年二十四个节气和人牵着牛耕地的图像,意思就是提醒人们,一年之计在于春,要抓紧农时,莫耽误了大好春光。这种送春牛图之俗,在清人富察敦崇撰写的《燕京岁时记》中有记载,"立春日,礼部呈进春山宝座,顺天府呈进春牛图"。民间的春官也叫说春人,一般由乞丐和无业游民装扮。筱廷《成都年景竹枝词》有一首《说春》专咏春官:"乞儿得意做官时,袍带乌纱手内持。说过千门恒炫耀,春官常挂嘴唇皮。"这一活动叫送春,春官唱的迎春赞词叫春歌,都是吉利话。比如,过去成都郊县的春官一进门便唱:

一进门来二进厅,三进廊房瓦屋深。
抬头看,峨轩轩,红红绿绿贴两边。
年年有个正月正,正月里来过新年。
肉又香,酒又甜,团转亲戚来拜年。
一拜公公添福寿,二拜婆婆添寿缘。
三拜金银堆满屋,四拜四方进财源。

五拜五子登金殿,六拜贵子人丁添。

唱毕,主人赠送一点钱米。如果主人回赠丰厚,春官接着会唱更多春歌,说更多吉利话,然后欢欢喜喜又走下一家。

二·土牛迎春

中国自古以农立国,耕牛是农民的宝贝,所以在四季之初的春天,用象征耕牛的土牛来迎春。据《礼记·月令》记载,周代时在季冬十二月,天子命令有关官员举行大规模的驱逐邪气疫鬼的傩祭,在国都东门外制作土牛,来送走寒气。汉代,人们已开始在立春日,立土牛、耕人偶像在城门之外,用来昭示百姓春天到了,农耕就要开始了。东汉王充在《论衡》中对此有解释:立春的时候,制作拿着耒耜锄头的土偶人男女各两个,或立土牛;土偶人、土牛并非能够耕田,而是为了顺应立春的节气应时而做,给百姓示范春耕的开始。这样,土牛逐渐地和立春联系在了一起。

从宋开始,关于土牛与迎春的记载就多了起来,立春日鞭牛打春的习俗也逐渐确定了下来。北宋庄绰撰《鸡肋编》卷上记载:"《后汉·礼仪志》[①]:'立春之日,夜漏未尽五刻,京师百官,皆衣青衣。郡国县道官下至斗食令史,皆服青帻,立青幡,施土牛耕人于门外,以示兆民。'而今世(即宋代)遂有造春牛

[①] 《后汉·礼仪志》实为《后汉书·礼仪志》。宋范晔撰、唐李贤等注《后汉书》附晋司马彪撰、梁刘昭注补《后汉书志·礼仪上》,中华书局1965年5月第1版,第3102页。

毛色之法，以岁干色①为头，支色②为身，纳音色③为腹。立春日干色为角耳尾，支色为胫，纳音色为蹄。至于笼头，缰索与策人④衣服之类，亦皆以岁日为别。州县官更执鞭击之，以示劝农之意。而庶民遂碎其牛，又不知何理所在。小人莫不争夺，而河东之人乃谓土牛之肉宜蚕，兼辟瘟疫，得少许则悬于帐上，调水以饮小儿，故相竞有致损伤者。处处皆用平旦，而衢州开化县须俟交气时刻，有至立春日之夜。而土牛幺麽⑤，仅若狗大，其陋尤可笑也。"《汉志》又载："'季冬之月立土牛六头于国都郡县城外丑地，以送大寒。'今时无行者。"宋孟元老《东京梦华录》载："立春前一日，开封府进春牛入禁中鞭春。开封、祥符两县，置春牛于府前。至日绝早，府僚打春，如方州仪。府前左右，百姓卖小春牛，往往花装栏坐，上列百戏人物，春幡雪柳，各相献遗。春日，宰执亲王百官，皆赐金银幡胜。入贺讫，戴归私第。"南宋陈元靓《岁时广记》引北宋吕原明《岁时杂记》记载，鞭牛的彩杖通常用五彩丝来缠绕，每个官吏有两条。鞭牛过后，百姓人如潮水，前来瓜分所鞭之牛，为了得到其中的一块，人们拼命争抢，每年都有人拥挤受伤。据说，得到牛肉的人，

---

① 干色：古代于立春日出春牛示农时以劝耕，春牛毛色以十干所属颜色配成干色。如岁在甲子，甲属木，东方青色，青色为干色；又如日为丙子，丙属火，南方赤色，赤色为干色。余类推。
② 支色：即子丑寅卯辰巳午未申酉戌亥十二地支象意十天干对应的颜色。
③ 纳音：古乐十二律，每律有宫商角徵羽五音，合六十音。以六十甲子相配合，按金火木水土五行之序旋相为宫，称为纳音。其所对应的五行方位的颜色为纳音色。
④ 策人：鞭打春牛之人。
⑤ 幺麽：音yāo mó，指微小。

| 谕祭先农　晚清《点石斋画报》

家里适宜养蚕，也能治病。而把春牛角上的土，放在门上面，这家人的田就会丰收。南宋陈元靓《岁时广记》引《琐碎录》还记有：立春日打春过后，取春牛泥撒在屋檐下，能够避蚰蜒①。

明清时代，国家明确规定了迎春礼仪。明刘侗、于奕正著《帝京景物略》"春场"条记载明代北京迎春礼仪，清富察敦崇撰《燕京岁时记》"打春"条记载清代北京官办迎春礼仪，排场很大，总归以示劝农之意。相对而言，四川清代和民国地方志中有关"迎春""点春""春台""打春"仪式记载，稍能体现民间重视立春的感情，更具民俗趣味。例如：

清嘉庆二十一年刊《华阳县志》："'立春'前一日，府尹率县令、僚属迎春于东郊，仪仗甚盛，鼓乐喧阗，芒神、土牛导

---

① 蚰蜒：音yóu yán，俗称蓑衣虫。

其前,并演春台,又名高妆社火。士女骈集,谓之'看春'。次日,鞭土牛于府署,谓之'打春'。"

清光绪十年刊《射洪县志》:"立春先一日,各官迎春东郊,邑人竞观盛典。是日,春官着彩衣于公堂暨各署说吉利语,谓之'点春'。又,命小优人扮仙童、彩女像,盛饰之,立铁架上,舆夫舁(yú)抬,导以鼓吹彩仗,遍游各官署及街市,谓之'春台'。至'立春日',各官祭芒神,鞭土牛,谓之'打春'。礼毕,邑人争攫土牛之泥以归,置诸灶中,用避虫蚁。"

民国十六年刊《广安州新志》:正月"'立春'前一日,州官僚属盛仪仗、鼓乐,坐明轿,侍从骑马出东郊行礼,曰'迎春'。以五彩缠亭,实土物,曰'五谷仓'。纸竹饰芒神、土牛,配以五行之色,市贫儿扮演故事,二三人一架,高丈余,数人舁行,曰'亭子',先期入署听点,曰'点春'。士女攒观,曰'看春'。次日鞭土牛,曰'打春'。"

清周询著《芙蓉话旧录》卷四"迎春"条详细记载了清代四川省城成都的迎春之礼:"清时迎春之礼,举国皆然。成都为全省会垣,每遇迎春,较外县尤繁盛。迎春官吏,只限于当地府、厅、州县。省城遇立春前一日,成都知府,及成①、华②两知县,皆乘八抬明轿。轿为一太师椅形,不施帷盖。轿杆及柱悉幂③以红缎,并以绫丝所扎人物花鸟遍施于杆柱之上。轿后用篾条裹五色纸花,扎一大春字,上安纸作风车无数,行时悉迎风转动。是日

---

① 成:指成都。
② 华:指华阳。
③ 幂:音mì,指覆盖。

将军送其全部卤簿（仪仗队）与成都知府；总督送与成都知县；提督送与华阳知县；本官应用之旗、锣、头牌、伞扇，亦并列于前。署内各房典史经书，各班领役，与夫署内仆从，皆戴官帽，着皮袍褂。皮褂且皆用反穿者，帽边咸插纸花一朵，胸挂银牌，手持五色纸花所裹竹鞭，名曰'春鞭'，乘马数十匹，迤逦前导。每署并须召戏班中花旦四人，穿着与书差、仆从同，分抱签筒、笔架，乘马参列其间。此习岁岁皆然，尤不可解。龙灯、狮戏亦各十数部，所经街道，倾城夹观，左右如堵，亦有万人空巷之致。清制，属吏经过长官衙署，舆马只能由照墙外行，是日所经长官衙门，则径穿辕门而过，至东门外先农坛降舆，致祭先农后，始各循路回署。署中且备筵宴，遍饷阁署及随行者，曰'迎春酒'。次日立春，府县各在大堂仪门，祀芒神、春牛，行打春礼而散。"

所谓芒神，即东方木佐神句（gōu）芒，在汉代是用土塑的耕夫偶人，至清、民国则为纸竹所饰而成。土牛，土制的牛；清和民国也有用竹扎纸糊成牛形者，往往大牛肚里装许多小牛。做土牛之目的有二说：古代于农历十二月出土牛以送寒气，后于立春造土牛，以劝农耕，象征春耕开始。打春仪式中，鞭碎土牛后，抢土牛的泥即等于抢牛肉。其民俗功用，北宋吕原明《岁时杂记》说："其家宜蚕，亦治病。"宋唐慎微撰《证类本草》曰："春牛角上土，收置户上，令人宜田。"南宋陈元靓《岁时广记》引《琐碎录》曰："取春牛泥撒簹下，蚰蜒不上。"清光绪十年刊《射洪县志》曰："邑人争攫土牛之泥以归，置诸灶中，用避虫蚁。"清光绪二十五年刊《蓬溪县续志》曰："'春日'，鞭牛碎之，则竟取归置诸牛阑，谓可禳疫。"总之，趋利避害。

|《迎春图》（一） 黄瑞鹄（1866-1938）绘 高文、侯世武、宁志奇编《绵竹年画》

四八

|《迎春图》（二）　黄瑞鹄（1866-1938）绘　高文、侯世武、宁志奇编《绵竹年画》。

《迎春图》（三） 黄瑞鹄（1866-1938）绘 高文、侯世武、宁志奇编《绵竹年画》

|《迎春图》（四） 黄瑞鹄（1866-1938）绘 高文、侯世武、宁志奇编《绵竹年画》。

| 嬉狮（《迎春图》局部）
黄瑞鹄（1866-1938）绘 高文、侯世武、宁志奇编《绵竹年画》

| 舞龙（《迎春图》局部）
　黄瑞鹄（1866-1938）绘　高文、侯世武、宁志奇编《绵竹年画》

| 踩高跷（《迎春图》局部）

黄瑞鹄（1866-1938）绘　高文、侯世武、宁志奇编《绵竹年画》

鞭牛（《迎春图》局部）
黄瑞鹄（1866-1938）绘　高文、侯世武、宁志奇编《绵竹年画》

三·剪彩催春

　　立春日的迎春活动还有挂春幡。早在汉代，在立春日京都百官就要穿青衣，郡国县官员都戴青色头巾，清早就要立青幡（青色旗帜）在门外迎春。除了在院子里立青幡之外，从汉代开始，人们还剪裁小的青幡，戴在头上。据南朝梁宗懔《荆楚岁时记》载，南北朝时期，人们还剪出象征着春天的燕子来佩戴，在门上张贴"宜春"二字。唐段成式《酉阳杂俎》卷一《礼异》记载，北朝妇人"立春进春书，以青缯为帜，刻龙象衔之，或为虾蟆"。据隋杜台卿《玉烛宝典》所载，到了隋代，公卿之家更是重视立春之日，大家用珠翠金银制作各种幡胜，佩戴赠送。唐宋时，皇帝还会在立春日赐给官员幡胜或彩花树。据宋代《武林旧事》载，当时赐百官春幡胜，赐给宰相亲王的是用金银箔剪制的幡胜，赐给其他官员的是用金裹银及罗帛剪成的春幡。受赐之官员将春幡胜垂之于幞头之左，入朝拜谢后就佩戴着御赐的幡胜回家，以示丰稔之兆。

　　唐代还出现寓意吉祥的"春鸡"形象，宋代则又有春花春柳。正如南宋辛弃疾《汉宫春·立春日》词云："春已归来，看美人头上，袅袅春幡。"北宋黄庭坚亦有诗云："邻娃似与春争道，酥滴花枝彩剪幡。"人们在头上戴起这些美丽的幡胜，满怀着美好的心愿迎接春的到来。

四·咬春食俗

立春日迎春，盛行"咬春"的食俗。何谓"咬春"？明吕毖辑《明宫史》火集《饮食好尚》载："至次日立春之时，无贵贱皆嚼萝蔔，名曰'咬春'。互相请宴，吃春饼和菜。"清潘荣陛《帝京岁时纪胜》"春盘"条："新春日献辛盘。虽士庶之家，亦必割鸡豚，炊面饼，而杂以生菜、青韭芽、羊角葱，冲和合菜皮，兼生食水红萝蔔，名曰咬春。"清富察敦崇《燕京岁时记》"打春"条："是日富家多食春饼，妇女等多买萝蔔而食之，曰咬春，谓可以却春困也。"

春盘在晋代就已经出现了，那时称之为"五辛盘"。五辛[①]广义上讲是指五种辛辣蔬菜做的五辛盘，服食五辛可杀菌驱寒。据《岁时广记》所引《撷遗》记载，东晋时李鄂，立春日命人把芦菔[②]、芹芽装盘馈送亲朋，后来江淮人多仿效，于是有了馈赠春盘的习俗。到唐宋时吃春盘春饼之风日益盛行。南宋陈元靓《岁时广记》引唐代《四时宝镜》："立春日，食芦菔、春饼、生菜，号春盘。"杜甫《立春》诗云："春日春盘细生菜，忽忆

[①] 五辛：指葱、蒜、椒、姜、芥。
[②] 芦菔：指萝蔔。

两京梅发时。盘出高门行白玉,菜传纤手送青丝。"南宋陈元靓《岁时广记》引《齐人月令》:"凡立春日食生菜,不可过多,取迎新之意而已。"

宋代皇帝还常以春酒春饼赐予百官近臣,南宋陈元靓《岁时广记》引北宋吕原明《岁时杂记》:"立春前一日,大内出春盘并酒,以赐近臣。盘中生菜,染萝葡为之,装饰置奁中。烹豚、白熟饼、大环,饼比人家散子,其大十倍。民间亦以春盘相馈。有园者,园吏献花盘。"同书还记载了宋代立春日,京师人家食韭黄生菜拌凉面的饮食习俗。苏东坡《送范德孺》诗云:"渐觉东风料峭寒,青蒿黄韭试春盘。"

春卷,亦是古代春盘里的传统节令食品。北宋吕原明《岁时杂记》记载,宋代京师富贵人家在人日和立春日都会造面茧,以肉或素做馅。人日做的称之为"探官茧",立春日做的称之为"探春茧"。像蚕茧一样的面茧,即今天"春卷"的雏形。据吴自牧《梦粱录》和周密《武林旧事》所载,宋代春卷样式有米薄皮春茧、子母春茧、活糖沙馅诸色春茧等多个品种,立春过后,作为市食点心,四时皆有。

除了咬春之外,立春日,人们还有一些养生饮食的习惯和禁忌。南宋陈元靓《岁时广记》引《齐人月令》所记,人们在立春日适宜进食浆粥,以导和气。北宋吕原明《岁时杂记》则记有立春日禁食虀[1]的习俗。如果吃了,"至纳妇拜门日,腰间有声如嚼虀然,皆以为戒。"民间俗信,姑妄言之,亦姑妄听之。

---

[1] 虀:音j,指细切的酱菜或腌菜。

周作人《立春以前》一文中说过一段话："立春有迎春之仪式，其意义与各民族之春祭相同，不过中国祀典照例由政府举办，民众但立于观众的地位，仪式已近于艺术化，而春官由乞丐扮演，末了有打板子脱晦气之说，则更流入滑稽，唯民间重视立春的感情也还是存在"。笔者深以为然，照录如上，以飨读者。

清明时节雨纷纷

上巳、寒食、清明节

巳日帝城春，倾都祓禊晨。
——唐·崔颢《上巳》

风吹旷野纸钱飞，古墓累累春草绿。
——唐·白居易《寒食野望吟》

清明时节雨纷纷，路上行人欲断魂。
——唐·杜牧《清明》

清明节，农历二十四节气之一，旧称三月节，是我国的传统节日，也是传承至今的兼备着节气和节日双重身份的民俗大节之一。如今，清明节的时间一般在冬至过后的一百零五天，多在农历三月间（遇闰年则会出现在二月间），公历的四月五日前后。

一·清明节的由来

作为我国最古老的传统节日之一，清明节早在战国秦汉时期就已经以二十四节气之一的身份存在了。随着二十四节气的确定，在汉代清明节就已成为一个固定的节气，时间大概定在春分后十五日。《淮南子·天文》第一次完整地记载了二十四个节气的名称，天空中北斗星的斗柄指着"子"的位置，也就是正北方向的时候是"冬至"时节，冬至后一百零五天，北斗星的斗柄指向"乙"的时候，"则清明风至"。烟花三月，风和日丽，鸟语花香，古人有万物到此时生而且"清净明洁"的说法，《孝经纬》亦记有"万物至此皆洁齐而清明矣"的说法，所以才把这一天所代表的节气叫清明。

秦汉时期的清明节仅是一个作为时令标志的节气，属于生产性的农事节气。四川农村至今流传着许多有关清明的时令谚语和农事谚语。如："清明要明，谷雨要淋。""清明前一场雨，胜似秀才中了举。""清明、谷雨紧相连，浸种、耕田莫迟延。""清明播谷，小满栽秧。""清明前，好种棉，清明后，好种豆。""清明种棉多结桃。""清明种棉花，秋后大把抓。""清明种瓜，车装船拉。""清明种菜，有吃有卖。""雨水清明紧相连，植树季节在眼前。"

随着时代的发展，清明节又糅合了古代上巳节和寒食节两个节日的文化内涵，逐渐从一个农耕节气，演变成一个兼具农耕节气以及祭祀和娱乐性质的节日。传承至今的清明节祭祀、踏青等节日习俗，就是源于古代三月上旬的另外两个祭祀性节日——上巳节和寒食节。

上巳节的来历与习俗

上巳节，又称三月三节、上除、元巳。古人有春天临水洗浴以祓除不祥的传统，又称"禊（xì）祭"，最早定在农历三月上旬的巳日。这一天，人们不分大小，水边洗浴，以祛除污秽，故称为"上巳节"。据记载，古人最初认为三月巳日是禊祭的最佳时日，后偶遇巳日恰逢在三月三日这一天，人们就渐渐地把禊祭固定在三日这天，而"上巳节"名称不变。南朝梁沈约《宋书》就记载魏以后禊祭只用三日，而不再用上旬的巳日。其又称"上除"，徐干《齐都赋》云："青阳季月，上除之良。无大无小，祓于水阳。"

周代以前上巳节主要的民俗活动是祓禊。上巳这天，男女相约来到水边，用春天的清水洗浴以祛除不祥，防病驱邪，古人称为"祓禊"。祓原是一种巫术仪式，起源很早，古代的巫觋在水边举行仪式以除灾求福，后来发展成为上巳节的一个习俗；禊，含有清洁的意思，原指古代春秋两季在水边举行的清除不祥的祭祀，也有人们借春天水边沐浴洗涤积秽、祛除不祥和疫病的美好愿望。春暖花开的美丽时节，自然也成了青年男女们自由欢爱的大好时机。《诗经·郑风·溱洧》就是描写郑国风俗，三月上巳于溱水与洧水之滨，招魂续魄，祓除不祥，青年男女相见欢笑戏谑、互赠芍药的情景。《论语·先进》也曾记载这个风俗，当孔子问侍坐的子路、曾皙、冉有、公西华四个弟子志向时，曾皙回答说："暮春三月，春天的衣服都穿定了，我陪同五六位成年人、六七个小孩子，在沂水边洗洗澡，在舞雩台上吹吹风，一路唱歌，一路走来。"孔夫子也不禁悠然神往，对此深表赞同。据《史记·外戚世家》记载，汉武帝也是在一次灞水禊祭之后，路经平阳公主的家，才遇见歌姬卫子夫，成就了一段千古奇缘。魏晋以后，这个节日逐渐固定在三月三日，也从一个娱神的祭祀性节日逐渐转变成了一个郊外春游、水边宴饮娱人的节日，届时还有"曲水流觞"的娱乐活动。据晋代的文人成公绥、张协、张华等人的记载，三月三这一天，少男少女们，手执柳枝，河曲嬉游，清水濯足；文人雅士们，曲水流觞，饮酒赋诗。人们将花椒酒洒在柔绿的草地上，或倒进河流中，希冀消除百病，祈求吉祥。漂浮着素卵①的清波上，还有人在划龙舟。上巳节，人们把枣子撒进江河湖泊里，就像"洗三"时婴儿澡盆里放枣子和花生之类的吉祥意义，欢庆大地和人类在春天里获得复活再生！

南朝梁宗懔《荆楚岁时记》也说："三月三日，士民并出江渚池沼间，为流杯曲水之饮。"所谓"曲水"，就是在风景秀美的郊外，挖渠引水回环绕行。大家围坐于侧，然后将酒杯置放在上游，任其顺着"曲水"之流漂浮而行，此谓"流觞"。而这顺水而来的酒杯漂至某人面前，就该此人取杯饮酒。据南宋吴自牧

---

① 素卵：指枣子。

《梦粱录》记载，"三月三日上巳之辰，曲水流觞故事，起于晋时。"东晋书法名家王羲之的名作《兰亭序》记的就是永和九年①三月三，他和谢安、孙绰等名流在会稽山阴②的兰亭溪水边宴饮集会、曲水流觞的风雅聚会，后世传为佳话。在南朝梁吴均所撰的《续齐谐记》里还记载了这么一个故事：晋武帝问尚书郎挚虞三月三日这天的曲水流觞有什么意义。挚虞回答说，在汉章帝的时候，平原人徐肇在三月初生了三个女儿，可是到了三日这天都死了，村里的人就认为是怪事，于是大家就都到水边去洗浴以祓除不祥，然后又在水边泛觞饮酒。曲水流觞的来历大概就起源于此。晋武帝听了这种解释有些不悦，就说如果真是像你所说的这样，这就不是一个好事。善于察言观色的尚书郎束皙马上就说，挚虞孤陋寡闻，怎么会知道曲水流觞的来历呢？还是让我来说说它的来历吧。昔日周公在洛邑的时候，曾经用流水泛杯饮酒，有逸诗"羽觞随波"为证。还有秦昭王也曾在三月三日于河流弯曲处饮酒，有一个金人从泉涌处出来，捧一柄可以助秦霸业的水心剑送给秦昭王。等到秦称霸诸侯之后，就在当年的得剑之处修建曲水祠来报答神人相助。两汉时沿袭了曲水流觞的习俗，并非常盛

|兰亭雅集

---

① 公元353年。
② 会稽山阴：今浙江省绍兴市。

行。晋武帝听了这番话后,非常高兴,赏赐束皙黄金五十斤,而把挚虞贬为阳城县令。挚虞所说未必不对,只是在皇帝听来却是不祥的;束皙所言未必属实,但却迎合了皇帝的心思,所以得到了赏赐。

另据南朝梁宗懔《荆楚岁时记》记载,荆楚一带居民,在三月三日这天,还要采摘鼠曲草,用蜜汁加粉调和,做成饼团,叫作"龙舌粄"①,以厌时气②。

而池阳一带的妇女在上巳日,用荠菜花蘸油,祝祷之后洒在水中,在水中若能成龙凤花卉的形状,则预示着大吉大利,民间把上巳节的这种祝祷活动称之为"油花卜"。

少数民族也很早就开始了三月三日这天的庆祝活动。据南宋陈元靓《岁时广记》引《燕北杂记》所载,戎人在三月三日这天,分成两队,骑马分射用木头雕成的兔子,先射中者胜,失利的一队,则要下马跪在地上,向胜利的一方敬酒。胜方就在马上接杯痛饮,当地称这种活动为"淘里化",对应汉语翻译过来,"淘里"是兔子的意思,"化"是射的意思。

到了唐代,上巳节已是一个非常重要的节日了。唐德宗把它和重阳、中和③并称为"三令节",足见其对这一节日的重视。每逢三月三,皇帝要在曲江大宴群臣,作曲水流觞之会,并且还要拿钱物赏赐文武百官。民间的三月三,更是多姿多彩。长安城的人们多游赏于城南的曲江池边。杜甫的《丽人行》中"三月三

---

① 粄:音bǎn,指米屑做的饼。
② 时气:指时疫、流行病。
③ 中和:指二月一日。

| 曲江会宴

| 斗百草之戏　晚清《点石斋画报》

日天气新,长安水边多丽人",描述的就是这一盛况。曲江原是汉武帝所修建,因其水流曲折,犹如广陵之江,所以名曰曲江。后来池子曾一度淤塞,唐玄宗命人疏浚水道,并重新兴建,曲江池边一时水波荡漾,花木茂盛,成为当时文人雅士郊游宴饮的胜地。唐末五代李淖在《秦中岁时记》说,上巳这天,皇帝赐宴曲江,百姓在江头禊饮,践踏青草,就是踏青。踏青即有意践踏青草之意,也是一种祓除。据孙思邈的《千金月令》记载,三月三日,还要给尊长敬赠踏青鞋履。

唐代三月三日还流行一种斗百草之戏。斗草是古代流行在女孩子中的一种游戏。始见于南朝梁宗懔《荆楚岁时记》所记五月

| 佳人扑蝶　晚清《点石斋画报》

五日，"四民并踏百草，又有斗百草之戏"。唐代此风很盛，唐诗如崔颢《王家少妇》、白居易《观儿戏》、贯休《春野作》等不乏歌咏斗百草的诗句。唐人斗草的方式大概有两种：一种是比试草茎的韧性，方法是草茎相交结，两人各持己端向后拉扯，以断者为负，这种可以称之为"武斗"；另外一种则是采摘花草，互相比试谁采的花草种类最多，这就是"文斗"。前者，就是近现代四川乡间儿童尚在玩的"扯箸茅草"。后者，有点像"接口令"，比赛看谁认得的花草多。《红楼梦》第六十二回"憨湘云醉眠芍药裀，呆香菱情解石榴裙"中就描写了斗草游戏中的后一种"文斗"情形。这是一个值得传承的儿童游戏。《论语·阳

货》曰:"多识鸟兽草木虫鱼之名。"孔子认为学诗有致知作用。斗百草对小孩子来说是很好的自然知识教育,培养他们从小热爱大自然,爱护人类的自然生态环境!

唐代还有戴柳的风俗,据唐代武平一的《景龙文馆记》和段成式的《酉阳杂俎》记载,唐中宗在三月三日,赐给侍臣细柳圈,说戴了之后可以免遭蛇蝎之类的毒虫。《新唐书·李适传》也说细柳圈避疠。

三月三日这天除了被除不祥、踏青郊游、曲水流觞之外,也是古人用来预测养蚕好坏的日子。古人认为,如果三月三日这天阴天没有太阳而又不下雨,这一年的蚕就会养得很好。浙江人还以三月三日的天气来判断桑柘的贵贱。农谚有"雨打石头遍,叶子三钱片"。如果三日这天下雨,桑柘的叶子就会很贵。杭州人还有谚语:"三日尚可,四日杀我。"也就是说,如果四日这天还下雨的话,养蚕人家就会买不起桑柘叶子喂蚕了。

至于流觞聚会的禊饮之俗,宋代便渐渐衰歇了。南宋范成大有诗云:"三月天气新,禊饮传自古。今人不好事,嘉节弃如土。"

综上所述,上巳节的文化意义相当于西方的"复活节"。冬去春来,万物复苏,欣欣向荣,人也像死去复活一样,得到了再生。用清洁的春水洗去宿垢和邪秽,用兰草招回魂魄,人和自然都得到了新生!

寒食节的来历及习俗

"上巳接寒食",寒食节,又名禁烟节、熟食日、冷烟节等,也是古代三月间的一个重要节日。寒食节的时间在冬至后的第一百零五天,隋唐时多在清明节的前两天,宋代多在清明节的前三天。《荆楚岁时记》说,冬至后一百零五日,要刮大风,下暴雨,俗称寒食。因此,寒食又称百五日,三天之内,民间禁止生火,只吃冷食。

寒食禁火的习俗,古已有之。据《周礼·秋官·司烜氏》记载,仲春,掌管火的官员摇动着木铎[①]向国人发布禁火令。据郑玄的注释,禁火是因为三月的黄昏时分,火星将出现在南天,故用火之处须防风防燥。也就是说,寒食禁火最初与古人天象观测有关。还有一种说法是古人用火一年为期,就应该换新火了。汪宁生先生对改火之俗的人类学解释是:"早在旧石器时代人们即发明人工取火方法,然在实际生活中并不是动辄就生新火,而是采取保存火种使其昼夜不灭方法,来保证人们取暖、炊爨[②]、照明等日常需要。……火种一般保存在火塘或炉灶之中。至今我国西南很多少数民族仍是如此,需要时从火塘中取火种吹燃,即有火柴亦不轻易使用。"汪宁生先生说:"在远古人类心目中,万物有灵,火自不能例外。火焰的不断跳动,小火迅速变成大火,再加上火种的长年不灭,使火更像一种有生命之物。故世界上拜火的习俗普遍流行,凡是人类遭受与火有关的灾难,都认为是火的精灵作祟。而由于火种长年不灭,又使人们认为作祟者多是这些旧火。……近代民间还有物件用久自能成精的迷信。人们为

---

① 木铎:指以木为舌的大铜铃。
② 爨:音cuàn,灶、炊之意。

了免除旧火的危害，除了平常对火要小心地供奉献祭及恪守一系列禁忌外，还要举行禳解仪式，定期改火即其中一种。"古代改火为"以救时疾""去兹毒"，即为了预防生病，也是一种"预防性巫术"①。《论语·阳货》记载，宰予问孔子说，为父母守丧三年，也太久了。取新火用的燧木经过一个轮回，一年就可以了。孔子很生气，认为宰予不仁，三年守孝都觉得时间长。从这则记载的侧面可以看出古人有钻燧改火的习俗。古人用钻木取火的方法获取新火，被钻的木，四季不同，春天用榆柳之火，夏天用枣杏之火，秋天用柞楢之火，冬天用槐檀之火，一年一个轮回。每年冬天的火种用到寒食节，就被认为老了，便要禁火两到三天，尽熄天下之火，到清明节才钻榆柳取新火。正因为寒食要禁火，所以在冬至后一百零三天的时候，人们就要提前做好各种饭食，然后禁止一切用火事项，南宋陈元靓《岁时广记》引《提要录》所记，秦人因此称寒食节"熟食日"，齐人则称之为"冷烟节"。秦代以后，改火事并未绝迹。东汉时，改火定在冬至举行。迄于北朝，北方民族入主中原，改火之礼一度停止。唐宋时期，改火之礼却又恢复。当时清明节还保留有皇帝赐百官新火的仪式。唐韩翃《寒食》诗云："春城无处不飞花，寒食东风御柳斜。日暮汉宫传蜡烛，清烟散入五侯家。"诗的后两句讲的正是禁火之后，皇帝亲自钻木取新火，然后赐予百官的情形。宋代以后就几乎没有改火之俗的记载了，而寒食之俗则一直保留到近

---

① 参见汪宁生：《改火的由来》，见汪宁生著《民族考古学论集》，文物出版社1989年版。

世，时间为清明节前二日。

寒食禁火与介子推联系起来，则是春秋战国以后的附会传说。介子推，也叫介之推，晋国贵族，晋文公重耳流亡国外前后十九年，介子推一直跟随左右。有一次，他们因粮食被偷而断顿，介子推便割下自己大腿上的肉给重耳吃。但是重耳回国掌权后，遍赏随从臣僚，不知何故，却漏赏了介子推。介子推秉性清高，不愿向晋文公邀功请赏，于是携母隐居在绵山上。《左传》就记载了这些内容。后世传说，晋文公后来得知介子推隐居之事，非常懊悔，再三请他出山，介子推总是不应。晋文公便放火烧山，原意是想逼使介子推出山，谁知介子推坚持己见，竟被烧死在了山上。晋文公为了悼念他，就下令全国，禁止在介子推被烧死的日子里生火做饭。后世传说的故事，显然是后起的民俗，是后起的民间附会传说，然而这个故事却很符合人们的社会心理需求，所以辗转流传，不断增益涂饰，以至于后人把寒食节与介子推直接联系在一起，相沿成俗。

寒食节，人们还有吃麦芽糖、杏仁粥、枣团等饮食习俗，染鸡蛋、画鸭蛋相互赠送的礼俗。北宋庄绰撰《鸡肋编》卷上："寒食火禁，盛于河东，而陕右亦不举爨者三日。以冬至后一百四日谓之'炊熟日'，饭面饼饵之类，皆为信宿之具①。又以糜粉蒸为甜团，切破暴干，尤可以留久。以柳枝插枣糕置门楣，呼为'子推'，留之经岁②，云可以治口疮。"

---

① 此处指准备两夜三天的干粮。
② 经岁：指一年。

到了唐代，寒食已发展成为全国性的极为隆重的节日。王泠然《寒食篇》诗中就有"秋贵重阳冬贵腊，不如寒食在春前"的句子，可见唐人对这一节日的重视程度。从王泠然《寒食篇》里，还可见唐代寒食节的习俗有：禁火、荡秋千、簸琼①、抛球、打马毬、斗鸡、春游。此外，其他唐诗中还反映出的寒食习俗有：斗鸡子、放纸鸢、踏青、吃枣团、墓祭等。

墓祭的风俗起源很早，《孟子·离娄下》记载了"齐人有一妻一妾"的故事，就从一个侧面反映了当时已有墓祭习俗。故事讲述，这个拥有一妻一妾的齐国人，每次外出都是酒足饭饱地回家。妻子问他和什么人一起吃喝，他就说全是有钱有势的大人物。可是因为从来没有什么显赫的人物到他们家去过，所以妻子心生疑惑暗地跟踪，发现丈夫并不是出入富贵之家，而是去东郊外的墓地乞讨别人祭扫之后的残菜剩汤，妻子自然失望至极。由此可见，当时已经有了用酒食去墓祭的习俗，只是这种习俗似乎还只局限于一定的阶层，且没有固定的时日。随着儒家学说的流行，宗族生活的扩大，人们慎终追远的观念也日益增长，于是对于寄托祖先魂灵的坟墓也越来越重视，上坟祭扫的风俗也逐渐转盛。到了唐代，墓祭已成为寒食节一个重要的民俗事象，并被官方定为礼制。据《唐会要》卷二十三"寒食祭扫"条记载，唐玄宗开元二十年四月二十四日敕令，寒食上墓，《礼经》并无明文规定，近代相传，已成风俗。士庶之家既然没有供奉祖先的宗庙，因此准许他们上墓拜扫，追思先人。但是在墓地只能祭拜，

---

① 簸琼：指掷骰子。

祭扫之后的饭食要去其他地方食用，更不能在墓地作乐。诏令以此编入五礼，永为恒式。这说明在隋唐时期，寒食节民间墓祭之风已经盛行，唐玄宗时顺应民意，将此风俗定为礼制。于是唐代就出现了很多描写寒食墓祭的诗歌，如王建的《寒食行》："寒食家家出古城，老人看屋少年行。丘垄年年无旧道，车徒散行入衰草。牧儿驱牛下冢头，畏有家人来洒扫。远人无坟水头祭，还引妇姑望乡拜。三日无火烧纸钱，纸钱那得到黄泉。但看垄上无新土，此中白骨应无主。"这首诗就谈到了当时寒食墓祭的主要内容，普通人家在寒食节要去扫墓拜祭，主要进行两项活动，即给先人送纸钱和培修坟墓。唐以前就有了烧纸钱祭亡灵的习俗，但是因为寒食禁火，墓祭也不能焚化纸钱，所以人们就把纸钱插挂在墓地或墓树上，或者压在坟头上，表示给先人送来了费用。另一项活动就是培修坟墓，如果是无人培土的坟墓，就会被认作无主之坟。在当时还有望乡遥祭的习俗，如果是远在他乡的游子，寒食不能归家，只好在水边向着家乡的方向祭奠表达自己的哀思。据北宋王溥《五代会要》记载，寒食野祭之礼并不符合传统，因后唐庄宗李存勖每年寒食西郊野祭，后人因袭也有了野祭的习俗。宋庄绰《鸡肋编》卷上云："寒食日上冢，亦不设香火，纸钱挂于茔树（墓地的树）。其去乡里者，皆登山望祭，裂冥帛于空中，谓之'擘钱'。而京师四方因缘拜扫，遂设酒馔，携家春游。或寒食日阴雨，及有坟墓异地者，必择良辰，相继而出。以太原本寒食一月，遂谓寒食为一月节。浙西人家就坟多作庵舍，种种备具，至有箫鼓乐器，亦储以待用者。"

寒食节的娱乐活动也是丰富多彩的，有荡秋千、蹴鞠、斗鸡、放风筝等。据南宋陈元靓《岁时广记》所引，春天的节日里，人们在高木上悬挂长绳，仕女或坐或立于绳上，同伴推引，就叫秋千，楚地的风俗又称之为拖钩，《涅槃经》称之为罥（juàn）索。寒食节荡秋千，最初本来是北方少数民族的游戏，用来锻炼使身体轻盈矫健的，后人沿袭下来，成为寒食节的习俗。后来被中原地区的女子学到了，则以树为架，用彩绳悬绑其上，称为秋千。也有人说，是齐桓公伐山戎以后，这个游戏才传入中原大地的。到唐代，这种游戏已经比较普遍，天宝年间，皇宫里每至寒食节，就竖起秋千，供嫔妃宫女们玩乐，玄宗称之为"半仙戏"。到了宋代，民间还出现了供儿童娱乐的小秋千玩具，寒食节则有叫卖者。这种小秋千上有用泥土或木头雕塑成的小女孩形象，可以举之往来上下，精致的还加以彩绘。

寒食蹴鞠，也是一项很流行的娱乐活动。据刘向《别录》记载，蹴鞠一说是黄帝所造，一说是起源于战国时期，当时是为了战争演练，讲习兵法，后来就以之为游戏了。从唐代起，除了蹴鞠之外，京城少年还用花球棒玩击球的游戏，类似于今天的打马球。到了宋代，马球也有木刻或泥塑的儿童玩具，都以华丽为贵。

据南宋陈元靓《岁时广记》所引，宋代的寒食节家家折柳插在门上，江淮一带更是盛行此风，无一家不插者。

清明节的来历及习俗

"上巳接寒食"，"改火清明后"，上巳和寒食这两个节日的时间往往重叠，寒食和清明紧紧相连，寒食禁火三日，至清明

才换新火。因此,上巳、寒食、清明三个节日的习俗,在唐代已是纠缠不清了,到了宋代以后,便自然而然地合而为一了。白居易《寒食野望吟》曰"乌啼鹊噪昏乔木,清明寒食谁家哭",已经将寒食与清明并称在一起了。唐代人非常重视清明节,孟浩然《清明即事》诗便说"帝里重清明"。

唐诗中题为"清明"的诗歌很多,其民俗内容实际上已经和上巳、寒食纠缠不清了,可以说兼而有之。比如杜甫有三首题为"清明"的诗,其中一首诗说道,"朝来新火起新烟",说的正是清明改火之事;可另外一首却说,"逢迎少壮非吾道,况乃今朝更被除",说的却是上巳日"水边被除"之事;还有一首"十年蹴鞠将雏远,万里秋千习俗同",说的却是寒食节的蹴鞠、荡秋千的习俗。

白居易也有两首"清明"的诗,与杜诗类似,一首描写的是墓祭习俗,一首诗描写的是寒食禁火之事。而韦庄的《长安清明》一诗则描述了当时清明日皇宫中赏赐大臣新火、宫里盛行白打戏①及白打赐彩钱、打马球、荡秋千、踏青等风俗,从上文的介绍中我们知道这几种活动恰恰是寒食节重要的民俗事象。

从这些唐诗中,我们不难看出在唐代的清明节已经与上巳节和寒食节发生了千丝万缕的联系,清明的民俗事象已经基本包括了上述两个节日的民俗事象,清明节逐渐包容了前两个节日的文化内涵。宋代以后,随着上巳节的消歇和寒食"改火"习俗的消失,清明便完全代替了上巳节和寒食节,上巳节和寒食节的若干

---

① 白打戏:指蹴鞠。

民俗事象也就构成了清明节的民俗内容。因此，可以说清明节是中国的"复活节"，清明节是中国的"感恩节"。清明节是中华民族创造的非物质文化遗产，在日常生活和生产中具有重要的作用。作为一种文化群体性的文化符号，它承载着丰富的文化内涵，对家庭和民族具有强大的凝聚作用。南宋吴自牧《梦粱录》记载，北宋时，每逢清明，汴京城的官员士庶都要到郊外上坟祭扫，还要烧挂纸钱，以致出现"南北山头多墓田，清明祭扫各纷然。纸灰飞作白蝴蝶，泪血染成红杜鹃"[①]的景象。宋孟元老《东京梦华录》记载，清明时节，都市人出游郊外，四野如城市般热闹，人们在花树园圃之间，野餐宴饮，日暮而归。这种郊游活动，古人称之为"踏青"。因此，唐宋以后清明节就真正变成了一个民俗节日，而不再是一个单纯的时令节气。与其他的传统节日形成方式不同，清明不是脱离节气时间迁就民俗活动的方便而另外生成民俗节日，而是把上巳和寒食两个节日收归在自己的名下，扩大节日文化内涵形成一个旧瓶装新酒的民俗节日。唐宋以后的清明节就具有了农事节气和民俗节日的双重意义，并且节俗意义在不断地加强。

---

① 此为南宋高翥《清明》中的诗句。

二·近代的清明习俗

清代有两本记载当时北京岁时风俗的书,一本是清初潘荣陛的《帝京岁时纪胜》,另一本是清末富察敦崇的《燕京岁时记》。这两本书中都有关于清明节的记载,据《帝京岁时纪胜》所载,清明之日,倾城百姓出游四郊扫墓,拜祭过后,就在墓前放风筝一较高下。清明日还有戴柳的习俗,而且老百姓认为扫墓祭拜余下的蒸糕用柳条穿起,等到立夏的时候用油煎了给小孩子吃有不畏惧夏天的功效。《燕京岁时记》则记载"清明即寒食",有百姓焚烧五色钱祭扫,儿童戴柳的遗风。

清代学者顾禄在《清嘉录》一书中记载了以苏州为代表的江南地区清明节的风俗习惯,主要有上坟墓祭、烧纸焚锭;官府主持祭奠孤魂野鬼,百姓朝拜城隍大庙,踏青游春,看菜花,赏春景;家家户户插柳枝,农夫也以这天的阴晴来占卜未来一段时间的旱涝;妇女结杨柳球戴在头上以求红颜不老,采荠菜花簪在发际以祈清目亮眼;百姓人家又把荠菜花放在灶台上来预防虫蚁;给儿童吃油煎隔年糕或野火米饭;放风筝,等等。

四川现存有一百多种清代和民国的地方志,其中民俗志所记"三月清明"的习俗与北方和江南大同小异。以成都清明习俗为代表,方志中主要记载了这样一些习俗:清明前后数日上坟祭扫，焚香烧纸或者挂纸幡纸钱；郊游，踏青；放风筝，荡秋千；清明之日家家户户插杨柳，妇女儿童戴柳圈；采荠菜，避虫蚁；吃清明糕①；百姓抬着城隍塑像出城，设厉坛，祭奠孤魂野鬼。

四川清明习俗有两大特点：第一，时兴"打清醮"，办"清明会"。至清嘉庆年间，川西地区已很少有人行上巳祓除之俗。上巳节不过了，但是被除的风俗以"打清醮"的形式仍然存在。除"打清醮"驱鬼外，川西农村还有"清明会"，也是"上巳节"遗俗。

"清醮"，一般指道士设坛在庙宇祈求一方太平、风调雨顺、国泰民安的祭祀。四川民间的"打清醮"习俗，源于古代"驱傩（nuó）"礼俗，指社区举办的清除疾疫、送"瘟神"的祭祀活动，明、清至民国，尤为盛行。

清末周询著《芙蓉话旧录》卷四《清醮》记成都旧时街坊的"打清醮"风俗云："傩为三代②时逐疫古礼，每岁聚乡人举行，以祓除不祥，成都各街之清醮，亦其遗意也。清醮皆有会底（民间办会的自筹基金），大约合三、四街为一区。各区基金虽丰啬不一，然每岁无不举行者。临时且向区内人家，沿门募捐以助。会底丰者，则于本街庙内演戏，次则于街中抬台演灯影③。各区醮期参差不同，自二月初至四月底，始一律竣事。设醮时，有九日者，有七日者，先延道士于区内庙宇中唪④经，惟从无延

---

① 清明糕：又叫"艾蒿馍馍"或"棉花草饽饽"。
② 三代：指夏、商、周三代。
③ 灯影：指皮影戏。
④ 唪：音fěng，唪经为念经。

贺新禳疫　晚清《点石斋画报》

僧者。醮期内，饬街众戒荤，每家送黄纸小门联一副，粘桃符上，醮毕即揭去。又以黄纸四张，书四大字粘一绳上，于各街口骑街悬之。道士每早晚出祭幡，循行各街一次。以请水日为最郑重，至祀灶日，则家家俱到。又以纸糊巨船一只，长丈余，船上楼橹俱备，内扎瘟、火二神并坐。最后一日，用锣鼓爆竹，街众随道士送船至空阔地方焚化，谓之'送瘟船'，至此醮毕，始继续开戒。"

民国十年刊《金堂县续志》："每年二三月，择吉日城市俱为'清醮会'。民皆斋戒，禁屠宰，设瘟火坛于近祠庙，朝夕进香。会毕，以纸糊龙舟送至江岸焚之。"

"清明会"一般是在清明前后合族祭祖。民国十七年刊《长寿县志》："三月'清明'前后十日内，皆上坟祭扫，用白纸剪作幡形（俗名"青"）插坟头。有'清明会'，或较富者用吹手抬盒，牲醴、楮币（纸钱）必备；尤富者用全猪、全羊，或在近坟处人家设筵宴客。凡戚友必送冥镪①、香烛之类。"

　　有庙宇的水陆码头、商贸繁盛之地，"清明会"往往形成盛大的"庙会"，如清代、民国年间崇州元通场的"清明会"。据陈柏青主编《崇州商贸志》第一章《市场·庙会》记载，民国年间元通"清明会"云："元通场的清明会。从每年清明前一日起，会期长达十日左右，最长达二十天，已有两百多年历史。清明前半月，就着手搭戏台，台左设茶棚，台右置地台子②，离台半里搭神棚③，神棚左右各搭钟鼓台和乐台。清明前一天，川戏班放'五猖'，凶鬼前面逃，神兵后面追，从戏台开始，经长寿桥，过永利桥、半边街，穿全场，过汇江桥、红瓦店，回到河坝戏台下。清明日（正期），城隍出驾，两乘八人大轿抬着城隍夫妇的行身，前导执事牌、大棍、四对开道锣，接着四五条龙灯，两拨狮灯，随着是'屏抬会''阴差会''身灯会'，继之是背香囊、捧香盘的善男信女，最后是佛门弟子压殿，全长约五里，人山人海，前呼后拥。清明河坝热闹如沸，各类副业摊点，各类小食饭店，诸般杂耍玩意儿，应有尽有，目不暇接。会期结束的

---

① 镪：音qiǎng，指钱贯。
② 地台子：指供老幼妇孺观戏之处。
③ 搭神棚：指做行宫，供城隍菩萨看戏。

前一日，谭家巷的东岳菩萨要'回娘家'①，陪同城隍到化钱山偿孤，事毕回驾城隍庙②。"清明会极富神话色彩，尽管充满了道、佛酬神的内容，但也起到了物资交流，促进经济繁荣的作用。

第二，关于清明节扫墓上坟的时间。清代和民国刊成都《华阳县志》称，清明节"前后数日"都是上坟的时间。事实上，四川民间习俗以为清明节前一周上坟最佳，一般不在清明节当天或节后上坟，于今亦然。什么原因？清嘉庆二十年刊《三台县志》有一种解释："三月'清明日'，祭祖先、扫墓。诗所云：'纸灰飞作白蝴蝶，泪血染成红杜鹃。'是也。多在寒食（清明）前十日，以所烧纸钱为祖先得用，节后则谓之'铁钱'。"此解释难以令人信服。我们认为是沿袭了唐代寒食墓祭而清明不上坟的古俗。这两个特点，也说明四川地区保存了许多古代清明节的传统。

---

① 相传东岳是元通城隍的女婿。
② 城隍庙：指长寿寺。

三·现代清明节的民俗活动

扫墓祭祖

扫墓祭祖的风俗不断地扩大，最终成为了清明节的中心。无论在农村还是城市，清明祭扫成了人们表达孝思、哀悼先人的重要方式。清明祭扫主要包括两个方面：一方面人们上坟祭奠先人，焚香烧纸，寄托对先人的思念之情；另一方面人们到墓前为先人培土除草，赶在雨水之前为先人洒扫修葺坟墓，以免祖先遗骨受损。孝是我们中华民族的传统美德，慎终追远是我们传统文化的重要内容之一，随着清明祭扫风俗的形成，为方便清明祭扫的假期也早已有之。宋代《嘉泰事类》已有记载，寒食假五日，军队停止训练三天。国务院明令从2008年起，清明节全国放假一天，其意义在于让我们世世代代不要忘记、丢失这一珍贵的文化传统，有利于清明节这一非物质文化遗产的保护，有利于启迪和提高全民族的文化自觉。同时，这也是对生命、人和家庭的珍重，表明我国的精神文明建设扩大了新的视野。让我们认真过好清明节，热情地讴歌春天，拥抱自然，同时感恩自然，感恩父母，感恩先烈，为创造一个美好幸福的自然生态环境和人文环境而不懈努力奋斗！

插柳戴柳

普通老百姓对此已很难说出其来龙去脉了,可插柳戴柳这一习俗依然保留至今。"清明不戴柳,死后变黄狗"之类的民谚也散布在大江南北,留存在每个中国人的心中。记得小时候,清明节的前一天,大人总要叮嘱我们这些小鬼头去郊外扯些柳条回来,为的是第二天一大早就能插在门楣上,生机盎然地迎接春的美丽。北方的春天总是姗姗来迟,三月清明,人们刚脱去厚重的棉衣,呼吸着春天的柔风,柳条儿吐出鹅黄嫩芽,摇曳着春的气息,召唤着田野里生命的嫩绿。柳树下围满了扯柳枝的孩子们,

| 踏青佳话　晚清《点石斋画报》

村子里通常会派一个青壮后生上树砍柳枝，分给各家的孩子。多余的柳条儿，大人们就给孩子编成柳圈戴在头上，或者做成柳哨，于是接连几天，村子里就会四处响起呜呜的柳哨声。

放风筝

放风筝也是清明节传承至今的一个重要活动，尤其是孩子们的乐事。"儿童放学归来早，忙趁东风放纸鸢"的美好场景，今日仍可感受。清明前后，漫空中各式各样的风筝，令人眼花缭乱，也给春天带来了更多的灵动与风采。

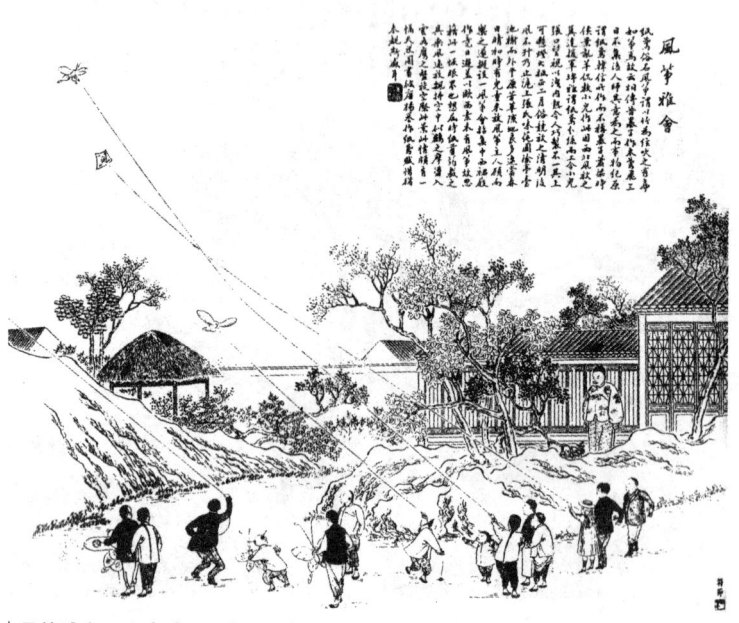

| 风筝雅会　晚清《点石斋画报》

风俗如狂重此时

端午节

风俗如狂重此时,纵观云委江之湄。
——唐·刘禹锡《竞渡曲》

疏疏数点黄梅雨。殊方又逢重五。角黍包金,菖蒲泛玉,风物依然荆楚。衫裁艾虎。更钗袅朱符,臂缠红缕。扑粉香绵,唤风绫扇小窗午。
——宋·杨无咎《齐天乐·端午》

端午节（端阳节）的来历，学术界说法较多。尚秉和先生说：「自汉以来，至五月五日故事独多。盖以此日为阳极之日，《风土记》：『端者，始也，正也。五日午时为天中节，故作种种物能辟邪恶。』在汉时以五彩丝系臂，名长命缕，见于《风俗通》。在晋时作赤灵符著心前，可辟兵，见于《抱朴子》。然故事虽多，在社会似不为娱乐之节，至唐则渐盛。」闻一多先生认为，端午节的起源和龙有密切关系，可以说是龙的节日。张紫晨先生则断定：「五月端午，原为巫节，诸多记载，都说明这一日重在去病除邪。」各家观点均道出了端午习俗之古老，然端午之成为一个岁时节日，至唐、宋时代始成为事实。从南宋吴自牧《梦粱录》和陈元靓《岁时广记》所载可知，唐、宋以来以农历五月五日午时为天中节，也叫重午节、浴兰令节，即后来的端午节。明、清以来，端午节与春节和中秋节鼎足而三，成为中国三大岁时节日之一。中国各地端午节的内容大同小异，仅以四川为例，大概有十一项民俗活动。

悬艾叶、菖蒲于门

南朝梁宗懔《荆楚岁时记》云："五月五日，四民并踏百草，又有斗百草之戏。采艾以为人，悬门户上，以禳毒气。"

北宋李昉《太平御览》卷三一引隋杜台卿《玉烛宝典》曰："五月五日采艾，悬于户上，以禳毒气。"

宋孟元老《东京梦华录》卷八《端午》："又钉艾人于门上，士庶递相宴赏。"南宋陈元靓《岁时广记》引《岁时杂记》："端五刻蒲为小人子或葫芦形，带之辟邪。""端五以艾为虎形，至有如黑豆大者；或剪彩为小虎，粘艾叶以戴之。"北宋名相王曾《端五帖子》云："钗头艾虎辟群邪，晓驾祥云七宝车。"

清顾禄《清嘉录》：五月"截蒲为剑，割蓬作鞭，副以桃梗、蒜头，悬于床户，皆以

五毒图

却鬼。"清富察敦崇《燕京岁时记》:"端午日用菖蒲、艾子插于门旁,以禳不祥,亦古者艾虎蒲剑之遗意。"

贴天师像或钟馗像于室

南宋陈元靓《岁时广记》引《岁时杂记》:"端五都人画天师像以卖;又合泥做张天师,以艾为头,以蒜为拳,置于门户之上。"南宋吴自牧《梦粱录》卷三《五月》:"五日重午节,又曰'浴兰令节',内司意思局以红纱彩金盝子①,以菖蒲或通草

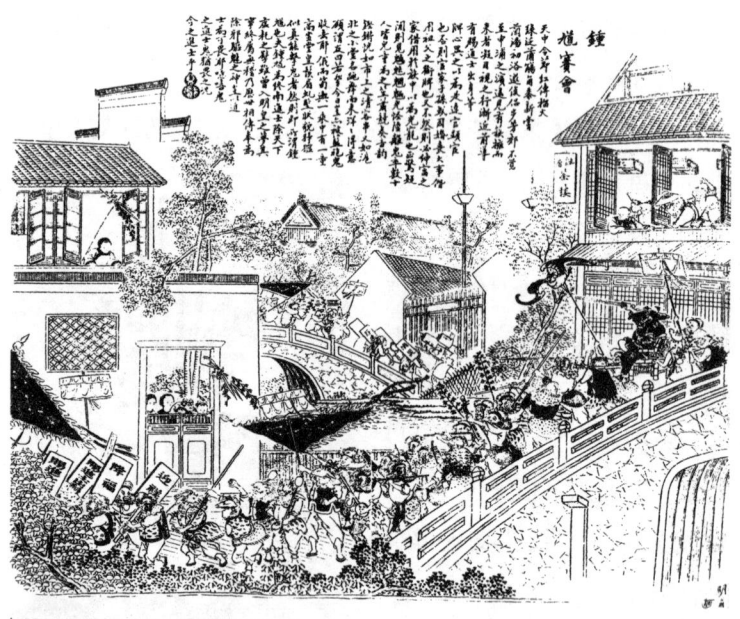

| 钟馗赛会　晚清《点石斋画报》

---

① 盝子:盝指小匣,盝子为古代小型妆具,常为多重套装,顶盖与盒体相连,呈方形,盖顶四周下斜,多用作藏香器或盛放玺、印、珠宝。

雕刻天师驭虎像于中，四围以五色染菖蒲悬围于左右。"

清顾禄《清嘉录》卷五《五月·贴天师符》："朔日，人家以道院所贻天师符贴厅事，以镇恶，肃拜烧香。至六月朔，始焚而送之。有贻自梵氏者，亦多以红黄白纸，用朱墨画韦驮镇凶，则非天师符矣。"同书卷五《五月·挂钟馗图》："堂中挂钟馗画图一月，以祛邪魅。李福《钟馗图》诗云：'面目狰狞胆气粗，榴红蒲碧座悬图。仗君扫荡么麽技，免使人间鬼画符。'又卢毓嵩有诗云：'榴花吐焰菖蒲碧，画图一幅生虚白。绿袍乌帽吉莫靴，知是终南山里客。眼如点漆发如虬，唇如腥红髯如戟。看彻人间索索徒，不食烟霞食鬼伯。何年留影在人间，处处端阳

| 钟馗嫁妹　晚清《点石斋画报》

驱疠疫。呜呼！世上罔两不胜计，灵光一睹难逃匿。仗君百千亿万身，却鬼直教褫鬼魄。'"

清富察敦崇《燕京岁时记》："每至端阳，市肆间用尺幅黄纸，盖以硃印，或绘画天师钟馗之像，或绘画五毒符咒之形，悬而售之。都人士争相购买，粘之中门，以避祟恶。按：后汉礼仪志：五月五日朱索五色印为门户饰，以止恶气。是即天师符之由来欤！"

清光绪冯家吉《锦城竹枝词百咏·五月》："骑虎天师法力鸿，惟持蒲剑便成功。无如毒染芙蓉重，不止区区五样虫。"

饮菖蒲雄黄独蒜酒

南宋陈元靓《岁时广记》引《岁时杂记》："端五以菖蒲，或缕或屑泛酒。又坡词注云：近世五月五日，以菖蒲渍酒而饮。《左传》云：'享有昌歜'，注云：菖蒲也。古词云：旋酌菖蒲酒，灵气满芳樽。章简公《端五帖子》云：'菖华泛酒尧樽绿，菰叶萦丝楚粽香。'王沂公《端五帖子》云：'愿上菖华酒，年年圣子心。'菖华，菖蒲别名也。"《岁时广记》又引《金门岁节》："洛阳人家端五作术羹、艾酒，以花彩楼阁插鬓，赐辟瘟扇梳。"

清顾禄《清嘉录》卷五《五月·雄黄酒》："研雄黄末，屑蒲根，和酒以饮，谓之雄黄酒。又以余酒染小儿额及手足心。随洒墙壁间，以祛毒虫。"

清富察敦崇《燕京岁时记》："每至端阳，自初一日起，取雄黄合酒晒之，用涂小儿额及鼻耳间，以避毒物。"

清嘉庆八年杨燮撰《锦城竹枝词》："龙舟锦水说端阳，艾叶菖蒲烧酒香。杂佩丛簪小儿女，都教耳鼻抹雄黄。"四川端午节饮雄黄酒，与别处不同，喜用独蒜磨雄黄酒而饮之。明李时珍《本草纲目》称蒜"除邪痹毒气"，为此四川人喜食生蒜。故，《成都通览》记端午节必买的物品中，特别标明要"买红白糖、酒、雄黄、蒜"。红白糖用于吃粽子，酒、雄黄、蒜用于兑雄黄酒。

食角黍①、盐蛋等节令食品

角黍，四川人叫"粽子"。端午节吃粽子，其俗甚古。宋李昉等撰《太平御览》卷三十一引《风土记》曰："仲夏端五。端，初也。俗重五日，与夏至同。先节一日又以菰叶裹粘米，以粟枣灰汁煮，令熟，节日啖。煮肥龟，令极熟，去骨加盐豉秔蓼，名曰葅龟。黏米，一名粽，一曰角黍。盖取阴阳尚包裹未（分）之象也。龟表肉里，阳内阴外之形，所以赞时也。"同书卷八五一引《风土记》又云："俗以菰叶裹黍米，以淳浓灰汁煮之，令烂熟，于五月五日及夏至啖之。一名粽，一名角黍。盖取阴阳尚相裹，未分散之时像也"。此两条材料说明一个问题：五月五日吃粽子最初与屈原无关，只是为了"赞时"，即调剂阴阳。唐徐坚等著《初学记》卷四引晋周处《风土记》："仲夏端午，烹鹜角黍。"又曰："进筒粽，一名角黍，一名粽。"另据《晋书》《宋书》《南齐书》《梁书》所记，当时南方人平

---

① 角黍：指粽子。

常也吃粽子、送粽子,并不一定专在端午吃用。《太平御览》卷八五一引南朝梁吴均《续齐谐记》曰:"屈原以五月五日投汨罗而死,楚人哀之,每至此日,取竹筒贮米,投水以祭之。""汉建武中,长沙区回白日忽见士人自称三闾大夫,谓回曰:'君常见祭甚诚,但常年所遗俱为蛟龙所窃,今君惠可以楝树叶塞其上,以彩丝缠缚之,此二物蛟龙所惮也。'回谨依旨。今世人五日作粽并带楝叶及五彩丝,皆汨罗之遗风。"楝树之"楝"为"楝"的假借字,即苦楝,实名金铃子。明李时珍《本草纲目》引陶弘景曰:"俗人五月五日取叶佩之,云辟恶也。"《初学记》卷四引《续齐谐记》作"可以菰叶塞上,以彩丝约缚之,二物蛟龙所畏"。菰,同苽,俗称茭白,产于江湖陂泽,可作蔬菜;其实如米,称雕胡米,可以做饭。然而,同是梁人的宗懔在《荆楚岁时记》中只说:"夏至节日食粽。周处谓为角黍,人并以新竹为筒粽。"此处也并未将吃粽子与屈原相联系。

至迟到宋代,粽子就成了端午节的节令食品。《西湖老人繁胜录》记南宋都城临安①端午曰:"角黍,天下惟有是都城将粽揍成楼阁、亭子、车儿诸般巧样。开铺货卖,多作劝酒,各为巧粽。"南宋陈元靓《岁时广记》引《岁时杂记》:"端午粽子,名品甚多,形制不一。有角粽、锥粽、茭粽、筒粽、秤锤粽,又有九子粽。"

《清嘉录》记苏州五月:"市肆以菰叶裹黍米为粽,像秤锤之形,谓之秤锤粽,居人买以相馈贶,并以祀先。"《燕京岁时

---

① 临安:指浙江省杭州市。

记》:"京师谓端阳为五月节,初五日为五月单五,盖端字之转音也。每届端阳以前,府第朱门皆以粽子相馈贻,并副以樱桃、桑椹、荸荠、桃、杏及五毒饼、玫瑰饼等物。其供佛祀先者,仍以粽子及樱桃、桑椹为正供。亦荐其时食之义。"

四川传统的端午节食品,除了吃粽子,还要吃盐蛋、皮蛋、烧鸭子和鳝鱼,蔬菜中最重要的是吃苋菜和马齿苋,民间有"端阳苋,当肉干"之说。南宋陈元靓《岁时广记》引《食疗》云:"苋菜一名莫实,五月五日采苋菜和马齿苋为末,等分与调,孕妇服之易差,但未知治何病。"明李时珍《本草纲目》卷二十七称苋菜有六种:赤苋、白苋、人苋、紫苋、五色苋、马苋。名为莫实的苋菜应是白苋。四川端午节吃的苋菜主要是赤苋、紫苋等。"紫苋茎叶通紫,吴人用染爪者,诸苋中惟此无毒,不寒。赤苋亦谓之花苋,茎叶深赤,根茎亦可糟藏,食之甚美,味辛。"李时珍曰:"苋并三月撒种。六月以后不堪食。"端午节正是吃苋菜的时候,苋菜有药用价值,"白苋:补气除热,通九窍。赤苋:主赤痢、射工、沙虱。紫苋:杀虫毒,治气痢。"马齿苋可"禳解疫气"[①]。端午节吃鸭子是古俗,晋周处《风土记》说:"仲夏端午,烹鹜角黍。"鹜,就是指鸭子。鳝鱼,四川人俗称"黄鳝",野生黄鳝长于水稻田里,端午节来临,正当鳝鱼肥大、鲜嫩可口的时候。据说,过了端午,"黄鳝长毛,就吃不得了"。

[①] (明)李时珍:《本草纲目》卷二十七"苋"条,人民卫生出版社1982年版,第1653—1656页。

佩带彩丝、香囊等辟瘟之物

端午节"系丝辟瘟"的习俗发生很早,汉应劭撰《风俗通义》:"夏至著五彩,辟兵,题曰游光。游光,厉鬼也,知其名者无温疾。五彩,避五兵也。案:人取新断织系户,亦此类也。谨案:织取新断二三寸帛,缀著衣衿,以己织缣告成于诸姑也。后世弥文,易以五彩。又永建中,京师大疫,云厉鬼字野重、游光。亦但流言,无指见之者。其后岁岁有病,人情愁怖,复增题之,冀以脱祸。今家人织新缣,皆取著后缣二寸许,系户上,此其验也。""五月五日,赐五色续命丝,俗说以益人命。""五月五日,以五彩丝系臂,名长命缕,一名续命缕,一名辟兵缯,一名五色缕,一名朱索,辟兵及鬼,命人不病温。"[1]

南朝梁宗懔著《荆楚岁时记》:"以五彩丝系臂,名曰辟兵,令人不病瘟。又有条达[2]等织组杂物,以相赠遗。"

南宋陈元靓《岁时广记》引《岁时杂记》:"端五以赤白彩造如囊,以彩线贯之,搐使如花形,或带或钉门上,以禳赤口白舌,又谓之搐钱。"又曰:"端五以赤白彩造如囊,以彩线贯之,搐使如花,俗以稻李置彩囊中带之,谓之道理袋。"另外,宋代端午节还有戴蚌粉铃,佩赤灵符、钗头符,衣艾虎,插艾花,佩楝叶等习俗。

清富察敦崇《燕京岁时记》:"每至端阳,闺阁中之巧者,

---

[1] (汉)应劭撰、王利器校注:《风俗通义校注·佚文》,中华书局1981年版,第605页。
[2] 条达:亦称"条脱",指镯子。

用绫罗制成小虎及粽子、壶卢①、樱桃、桑椹之类，以彩线穿之，悬于钗头，或系于小儿之臂。"

清顾禄《清嘉录》记端午节制"雄黄荷包袅绒铜钱"皆系襟带间以辟邪；"结五色丝为索，系小儿之臂，男左女右，谓之长寿线。""尼庵剪五色彩笺，状蟾蜍、蜥蜴、蜘蛛、蛇、蚿之形，分贻檀越，贴门楣、寝次，能魇毒虫，谓之五毒符。""男女佩带辟瘟丹，或焚于室中，益以苍术、白芷、大黄、芸香之属，皆以辟疫祛毒。"

端午节必须佩带"辟疫祛毒"装饰品的传统习俗，在四川一直保留至"文化大革命"开始的时候。四川端午节"辟疫祛毒"装饰品中，最流行的是"女子佩绣囊，曰'香包'。小儿衣缀彩扎虎、猴等物，云可辟除邪秽"。②二十世纪七十年代末和八十年代初，这个古老的习俗在农村又有所恢复。但在大城市，此风已不见踪影，唯有端午节戴栀子花的旧俗，被爱美的妇女们接受发扬。

取蟾酥

五月端阳取蟾酥的习俗，最初见于晋葛洪著《抱朴子》卷一一《仙药》："肉芝者，谓万岁蟾蜍，头上有角，颔下有丹书八字再重③，以五月五日日中时取之，阴干百日，以其左足画地，即为流水，带其左手于身，辟五兵，若敌人射己者，弓弩矢

---

① 壶卢：指葫芦。
② 民国二十三年刻本《华阳县志》。
③ 再重：重叠两次。

皆反还自向也。"说得神乎其神！《清嘉录》记载：苏州端午节"土人采百草之可疗疾者，留以供药饵，俗称草头方。药市收癞虾蟆，刺取其沫，谓之蟾酥，为修合丹丸之用，率以万计。人家小儿女之未痘者，以水畜养癞虾蟆五个或七个，俟其吐沫，过午，取水煎汤浴之，令痘疮稀。"葛洪是中国道教史上的重要人物，《抱朴子》是集神仙思想之大成的一部著作，书中介绍在五月五日有日中取蟾酥，"带其左手于身，辟五兵"的习俗，这在1949年以前的四川存在，这大概与四川是道教的发源地，神话气氛自古浓厚不无关系。

龙舟竞渡

南朝梁宗懔《荆楚岁时记》："是日，竞渡，采杂药。按：五月五日竞渡，俗为屈原投汨罗日，伤其死，故并命舟楫以拯之。舸舟取其轻利谓之飞凫，一自以为水军，一自以为水马。州将及土人悉临水而观之。邯郸淳《曹娥碑》云：'五月五日，时迎伍君逆涛而上，为水所淹。'斯又东吴之俗，事在子胥，不关屈平也。《越地传》云起于越王勾践，不可详矣。"凡是近水的地方，端午节均有龙舟竞渡的活动，自古及今，全国皆然。正如唐代诗人刘禹锡《竞渡曲》所云："风俗如狂重此时，纵观云委江之湄。"成都地区过去流行一首民歌叫《十月看花》："五月收拾去看花，一对龙船水中划。六十六根花桡片，划来划去满河花。"端午节龙舟竞渡产生的原因是什么？《荆楚岁时记》列了三种说法：第一，南方荆楚地区以为端午竞渡起于悼屈原；第二，邯郸淳《曹娥碑》认为端午竞渡是东吴之俗，与伍子胥有

| 龙舟竞渡　晚清《点石斋画报》

关；第三，《越地传》以为起于越王勾践。著名民俗学家江绍原先生别有新解，江先生认为："竞渡实与屈原无涉，它本是古时人群用法术处理的一种公共卫生事业——每年在五月中把疵疠夭札烧死，并且用船送走。"[1]后来，由于地方主义缘故，吴、越、楚的人又都把这个风俗归到本地的某一位大人物身上去。笔者查阅了一百零三种四川地方志，发现川东地区，与荆楚接壤，因而多有端午竞渡起于悼屈原的说法，其他地方则不然。端午节

---

[1] 江绍原：《端午竞渡本意考》，《江绍原民俗学论集》，上海人民出版社1998年版。

划龙船的习俗，自1949年以来作为一种水上竞技体育活动受到政府的鼓励和提倡，端午竞渡起于悼屈原的说法，也作为一种爱国主义教育，受到舆论的支持。

游百病

端午节"游百病"的习俗，过去主要盛行于多山少水之地或边远地区。如清道光二十五年刻本《蓬溪县志》载："五月五日，无竞渡之观。士女丰容，杂沓游鹫峰寺塔，又相携登城周览。县依山为城，民辟疾者，率出游以厌之，俗谓之'游百病'。"在成都地区，每年正月十六"市民在四门城墙游览，名曰'游百病'，意今日游过城墙，一年可望无病。"[①]端午节午后出城看龙舟竞赛，可能便代替了"游百病"，故无专门记载，年深日久，"游百病"的习俗，早就被人们淡忘了。

采杂药煎汤沐浴

如果说竞渡是"古时人群用法术处理的一种公共卫生事业"，那么端午采杂药煎汤沐浴就是用药物处理的一种个体或家族卫生习俗——洗掉秽气，辟除邪恶。这是中华民族一种非常古老的习俗。《大戴礼记》卷二《夏小正》："五月蓄兰，为沐浴也。"《楚辞·九歌》也有"浴兰汤兮沐芳"词句。南宋陈元靓《岁时广记》记载宋代端午有"浴兰汤"的风俗。采杂药煎汤沐浴的习俗，是四川过端午节的重要内容，从古相沿至今。尽管老

---

① 参见周芷颖：《新成都》，成都复兴书局1942年版。

百姓相信"端阳百草皆是药",但主要还是以菖蒲、艾叶、麻柳叶等祛毒的草药为主。一般在端午晚上煎汤沐浴,家家户户,大人小孩,都要洗澡,洗了少生疮害病。

演戏娱神

清代和民国年间,四川过端午节,民间灯影戏班和川剧团要唱过节戏。这天戏班唱的戏目,必有一出《雄黄阵》。《雄黄阵》又名《盗仙草》《盗草》《三仙岛》,该剧为《白蛇传》之一节。而今,随着传统川剧的衰落,端午梨园演《雄黄阵》已难得一见。

拜节

四川过端午节,亲友间要互相拜节,馈送粽子、盐蛋、皮蛋和香包、扇子等辟邪礼品。这一天,出嫁的女儿偕同女婿回娘家向父母拜节。成都市大邑县过去流传一首民歌《五月端阳回娘家》:"隔河望见嫂穿纱,背上背个奶娃娃。问你情嫂哪里去?五月端阳回娘家。"

此外,有的地方还兴五月十五日过"大端阳",四川以靠近湖北、湖南的川东地区最盛行。例如:

清嘉庆二十一年刻本《华阳县志》云:"(五月)十五日,俗谓之'大端阳',饮食如五日。"

民国十六年重印本《广安州新志》:"(五月)十五日为'大端阳',不及五日盛。"

清光绪九年增续重刻同治本《丰都县志》:五月"十五日,

谓之'大端阳'，泛龙舟，欢聚饮酒，与五日同"。

清光绪二十年刻本《黔江县志》："（五月）十五日为'大端阳'。"

清光绪元年刻本《彭水县志》："五月'端阳日'，户插菖蒲、艾叶。以雄黄入酒饮，并涂小儿额及洒墙壁湿处，以避虫蛇。采百草煎水浴身，馈角黍，观竞渡。十五日为'大端阳'，复竞渡如前。"

清同治五年刻本《万县志》："五月'端午'，家悬蒲、艾于门，亦有制艾虎者。是日正午，必酌以雄黄之酒，辟毒也；小儿耳、鼻、胸、背间遍抹之。制角黍转相馈遗。尤尚竞渡，旗分五色，角胜争先，钲鼓喧阗，炮声不绝，乡市往观者云集，江岸几满。十五日亦如之，谓之'大端午'。"

清道光四年刻本湖南《凤凰厅志》："乡俗以初五日为'小端午'，十五日为'大端午'。"

北宋庄绰撰《鸡肋编》卷上："湖北以五月望日谓之'大端午'，泛舟竞渡。逐村之人，各为一舟，各雇一人凶悍者于船首执旗，身挂楮钱。或争驶驱击，有致死者，则此人甘斗杀之刑。故官司特加禁焉。"

清同治五年刻本湖北《长阳县志》："五月'天中节'，家家包角黍，曰'包粽子'，配腌蛋、果品、鱼肉相遗，为'送端阳节'。堂中悬天师收五毒像，啖角黍，饮菖蒲、雄黄酒，曰'过端午'。乡间十五日为'大端午'，二十五日为'末端午'。"

民国二十六年铅印本湖北《恩施县志》："五月五日，悬艾叶、菖蒲于门，食角黍，饮雄黄酒，亲友交相馈节。童子以雄黄点额。清江龙舟竞渡，至十五日乃止。十五日，俗名'大端阳'，悬门蒲艾始去之，饮食如前。"

看来，四川过"大端阳"节，还是从两湖，特别是湖南传过来的。此俗可能最早源于湘、鄂、川交界的武陵地区五溪蛮的风俗。宋代朱辅撰《溪蛮丛笑》"爬船"条曰："蛮乡最重重午（五月初五），不论生熟界，出观竞渡，三日而归。既望（十五日）复出，谓之大十五。船分五色，皂船之神尤恶，去来必有风雨。一月前众船下水，饮食男女不敢共处，弔屈原正楚俗也，名爬船。"

综上所述，四川端午节习俗内容与中国各地，特别是长江流域的端午节习俗，以《荆楚岁时记》和《清嘉录》为代表大同小异。这与明清以来四川形成移民社会有关。尽管四川端午节习俗随着时代的变迁，不断发生变异，但始终未脱离"祛病除邪"的原始巫文化的本质。在现代化、城市化迅猛推进的今天，四川传统端午节习俗的许多巫文化内容已经消失，而其中有益于民众身心健康、符合科学的部分则融入现代民俗保留下来，丰富和美化着民众的生活。由此可以看出，传统文化和现代化并不矛盾，继承和发扬传统民俗文化可以促进现代化的发展。

夏至阴生景渐催

夏至、伏日

昼暑已云极,宵漏自此长。
——唐·韦应物《夏至避暑北池》

日色若炎火,正当三伏时。
——宋·梅尧臣《中伏日永叔遗冰》

夏至阴生景渐催,百年已半亦堪哀。
——明·刘基《夏日杂兴四首》之一

夏至是二十四节气中的第十个节气，也是我国出现最早的节气之一，多在公历的六月二十一日前后。早在先秦时期，我国已有了四季之分，《尚书·尧典》记有「二分（春分、秋分）」「二至（夏至、冬至）」的代名词，即「日永」「日短」「日中」「宵中」四个节气名称。《春秋左传》鲁僖公五年：「凡分（春分、秋分）、至（夏至、冬至）、启（立春、立夏）、闭（立秋、立冬），必书云物（杜预注：云物，气色灾变也。），为备故也。（杨伯峻注：恐有灾变凶札，早为之备。）」可见，春秋中期已有夏至的记载。至，极也。南朝梁刘昭注引《月令章句》曰：「夏至之为极有三意焉：昼漏极长，去极极近，晷景极短。」这一天太阳的高度达到极致，阳光几乎直射北回归线，北半球的白昼最长，夜晚最短，故夏至，又称「日长至」。过了夏至日，阳光直射的位置逐渐向南移动，白天开始一天比一天缩短，而南半球则恰好相反。唐代韦应物《夏至避暑北池》诗云：「昼晷已云极，宵漏自此长。」从夏至这一天起，天气也逐渐炎热起来，于是有「夏至未来莫道热，冬至未来莫道寒」的谚语。夏至过后，天气并不是立即就热起来，一般要过二十天左右，入伏以后，才到一年中最热的时候。

一·夏至节俗

夏至节,是继端午节之后,又一个夏天的节日,古代这个节日同冬至节一样重要。

首先,这一天要举行祭地仪式。

《周礼·春官·神仕》:"以冬日至致天神人鬼,以夏日至致地示物魅,以禬国之凶荒、民之札丧。"贾公彦疏曰:"夏至日,祭地祇,以其阴,故五月一阴生之日,当阴气升而祭之。"地示,又作地祇,即地神,大地之神。物鬽(魅),百物之神曰鬽,即《春秋传》所谓"螭魅魍魉"(chī mèi wǎng liǎng)。禬(guì),除也。凶荒,即饥荒。札丧,即因遭瘟疫而死亡。就是说,在夏至祭祀地神和百物之神,是为国家除去灾害,为人民免除瘟疫。

夏至祭地神和百物之神的仪式,一般在京城北郊举行。清潘荣陛著《帝京岁时纪胜·夏至》:"夏至大祀方泽①,乃国之大典。"冬至祭天于寰丘,夏至祭地于方泽,乃象天圆地方之形。祭祀仪式,以舞乐致神。《周礼·春官·大司乐》曰:"乃奏大蔟,歌应钟,舞《咸池》,以祭地示。乃奏姑洗,歌南吕,舞

---

① 方泽:指夏至日祭地之处。掘地为方池,贮水以祭,故称方泽。

《大韶》，以祀四望。乃奏蕤宾，歌函钟，舞《大夏》，以祭山川。"四望①山川皆地神。《周礼·春官·大宗伯》称，以舞乐招神，还要用牲，"以血祭祭社稷、五祀、五岳，以貍沈祭山、林、川、泽，以疈辜祭四方百物"。貍，即埋。祭山林曰埋，祭山川曰沈。疈，音pì，剖开。疈辜，割牲以祭。

其次，荐新祀祖。

夏至，是农业生产上一个重要节气。白居易诗云："洛下麦秋月，江南梅雨天。"在北方正是麦秋季节，在南方"双抢"②接近尾声。四川民间流传的生产谚语说："立夏、小满忙栽秧，碰到亲家不开腔。""芒种忙忙栽，夏至谷怀胎。""芒种栽秧天赶天，夏至栽秧时赶时。""芒种栽秧穗不长，夏至栽秧秆秆光。""过了芒种不种棉，过了夏至不栽田。"夏至日，刚好是大麦小麦收割以后，秧苗满栽满插的时候。农民从田间回到村庄，抖落一身尘土，沉浸在丰收的喜悦之中。正如宋代范成大《夏日田园杂兴十二绝》之三所咏："二麦俱秋斗百钱，田家唤作小丰年。饼炉饭甑无饥色，接到西风熟稻天。"吃到香甜的新麦炉饼，农民不忘祖先保佑，首先要举行荐新祀祖的报赛③仪式。夏至荐新祀祖的习俗源自先秦时期。《管子·轻重己》："以春日至始，数九十二日，谓之夏至，而麦熟。天子祀于太宗，其盛以麦。麦者，谷之始也；宗者，族之始也。同族者

---

① 四望：指望向五岳、四渎。五岳包括东岳泰山、西岳华山、南岳衡山、北岳恒山、中岳嵩山；四渎指长江、黄河、淮河、济水。
② 双抢：指抢收小麦等小春作物，抢栽稻秧。
③ 报赛：古时农事完毕后举行谢神的祭祀。

人，殊族者处①。皆齐大材，出祭王母，天子之所以主始而忌讳也。"明、清和民国地方志多有夏至日祀祖的记载。明弘治元年刊江苏《吴江志》："五月重午作角黍，夏至日作麦粽，祭先毕则以相餉。"明嘉靖刊江苏《江阴县志》："夏至，割腊肉，陈朱李祀先于正寝。"清乾隆十六年刊江苏《无锡县志》："五月夏至日，煮麦和糖以荐先②，食之云不疰夏。""疰（zhù）夏"，中医指夏季长期发烧的病，患者多为小儿，多由排汗机能发生障碍引起。清道光六年刊四川《綦江县志》："五月'夏至日'宜雨，谚云：'夏至无云三伏热。'是日宜祀先于家。"清道光六年刊四川《忠州直隶州志》："'夏至'日宜雨，谚云：'夏至见青天，有雨到秋边。'又云：'夏至无云三伏热。'是日祀先于家，亦食粽。始节饮，农家浚井改水。"（清同治六年刊四川《巴县志》同）清光绪五年刊上海《华亭县志》："夏至，复作角黍，特牲祀先于正寝。"清光绪二十二年刊江苏《锡金识小录》："夏至日，荐新麦。晨煮麦粥供家祠及五祀。"民国三年刊浙江《东阳县志》："'夏至'，凡治田者必具酒肉祭土谷之神，束草立标插诸田间就而祭之，谓'祭田婆'。"

再次，夏至的食俗和忌讳。

南朝梁宗懔撰《荆楚岁时记》："夏至节日食粽"，端午节亦食粽。于是有人说"端午节源于夏至节"。此说欠妥。

首先，从时序言，端午在前，夏至在后。其次，从节令来

---

① 处：即止，有停止之意。
② 荐先：大概有荐新之意，即用新熟的五谷或别的时新食物祭祀祖考。

说，民间过端午节的时间也先于过夏至节。早可至东汉应劭《风俗通》，至晋，周处《风土记》："仲夏（五月）端午，烹鹜角黍。"再至南朝梁，《荆楚岁时记》言"夏至节日食粽"。似乎端午、夏至两节的重要性，在古代难分伯仲。二节同在仲夏五月，从时间言，端，初也。端午食粽"盖取阴阳尚包裹未（分）之象也"，而夏至为中，意指阳气之至极，阴气之始至。然夏至阴阳同样尚未明，故夏至同样食粽子，吃鸭。端午、夏至同在民间信仰的恶月，故民间流行的一些避凶趋吉的巫术和忌讳一样。如《风俗通义》曰："五月五日，以五彩丝系臂者，辟兵及鬼，令人不病温。"《风俗通义·佚文》："夏至著五彩，辟兵，题曰游光。游光，厉鬼也，知其名者无温疾。五彩，避五兵也。"《后汉书·礼仪志》中："仲夏之月，万物方盛。日夏至，阴气萌作，恐物不楙①。其礼：以朱索连荤菜，弥牟（朴）蛊钟。以桃印长六寸，方三寸，五色书文如法，以施门户。""汉兼用之，故以五月五日，朱索五色印为门户饰，以难止恶气。"从两节诸多民俗事象夹缠不清来看，很难说谁源于谁。至于各地重过端午，还是重过夏至节，视各地的地理环境和风俗传统而定，一般说来，南方重夏至节。

唐代夏至节，时兴吃粽子、烤鹅。白居易《和梦得夏至忆苏州呈卢宾客》诗曰："忆在苏州日，常谙夏至筵。粽香筒竹嫩，炙脆子鹅鲜。水国多台榭，吴风尚管弦。每家皆有酒，无处不过船。交印君相次，褰帷我在前。此乡俱老矣，东望共依然。洛下

---

① 楙：音mào，同茂，指草木茂盛。

麦秋月,江南梅雨天。齐云楼上事,已上三十年。"唐代士人夏至后喝冰镇酒醪。唐李德裕《述梦诗四十韵有序》:"荷静蓬池鲙,冰寒郢水醪。"自注:"每学士初上赐食,皆是蓬莱池鱼鲙。夏至后,颁赐冰及烧香酒,以酒味稍浓,每和冰而饮。禁中有郢酒坊也。"

夏至节,在古代又叫"朝节"。南宋陈元靓《岁时广记》卷二十四《朝节》引《图经》云:"池阳风俗,不喜端午,而重夏至。以角黍舒雁往还,谓之朝节。"池阳县即今陕西省泾阳县和三原县的部分地区,汉惠帝四年(公元前191年)改为池阳县。角黍,即粽子。舒雁,即鹅。北宋吕原明《岁时杂记》云:"濒江州郡皆重夏至,杀鹅为炙以相遗,村民尤重此日。"《岁时杂记》又云:"京辅旧俗,皆谓夏至日食百家饭则耐夏。然百家饭难集,相传于姓柏人家求饭以当之。有医工柏仲宣太保,每岁夏至日,炊饭馈送知识家。又云,求三家饭以供晨餐。皆不知其所自来。"

清代北京夏至,喜吃冷淘面[①]。清潘荣陛著《帝京岁时纪胜·夏至》:"京师于是日家家俱食冷淘面,即俗说过水面是也。乃都门之美品。向曾询及各省游历友人,咸以京师之冷淘面爽口适宜,天下无比。谚云:'冬至馄饨夏至面。'京俗无论生辰节候,婚丧喜祭宴享,早饭俱食过水面。省妥爽便,莫此为甚。"

清代四川民间过夏至节,同端午节一样,食粽子。此外,还有"农家浚井改水"的风俗。浚井改水,系沿袭汉代古俗。南宋

---

① 冷淘面:指过水面。

陈元靓《岁时广记》卷二十四引《续汉书·礼仪志》："夏至日，浚井改水；冬至日，钻燧改火；可去瘟病。"

江南夏至节的食俗，各地不一。如：清光绪五年刊上海《华亭县志》记载，华亭县"夏至，复作角黍"；明弘治元年刊江苏《吴江志》记载，吴江县"夏至日作麦粽"；清道光二十三年刊《武进、阳湖县合志》和清光绪十一年刊江苏《武进、阳湖县合志》记载，武进、阳湖县"夏至日，食馄饨、啬（涩）李"；清道光二十年刊江苏《江阴县志》记载，江阴县"夏至，食馄饨"。

江南夏至节最具地方特征的食俗是"食夏至粥"。夏至粥，一般为小麦、蚕豆煮粥，和糖而食；有的"以新小麦和糖及苡仁、芡实、莲心、红枣煮粥食之，名曰'夏至粥'"①；有的"以小麦、蚕豆、赤豆、红枣和米煮粥，互相馈遗"。其意为"荐新"，迷信说法是，吃了夏至粥，不疰夏疾。

南方夏至日忌讳"坐户槛（门槛）"，有的地方还有"称人"的习俗和"洗泥"的醵饮活动。如：民国八年刊江苏《太仓州志》载，夏至日这一天"戒坐户槛，云犯之得疰夏疾"。清光绪八年刊上海《嘉定县志》："夏至日，称人，云不疰夏，戒坐户槛。"民国十年刊江苏《江阴县续志》："五月夏至，权人轻重，谓可免疫气。"民国十六年刊江苏《瓜洲续志》："夏至日，男女小孩以秤权轻重，谓之'称人'。不许小孩坐门槛；向各户讨七家茶叶泡给小孩饮，云不疰夏。"清光绪十一年刊江苏

---

① 清光绪三十年刊《常昭合志稿》。

《丹阳县志》："夏至节，农家最重为莳秧也。既莳毕，田主具酒馔饲佣工，或邻朋自相酾饮，谓之'洗泥'[①]。"清宣统三年傅崇矩编《成都通览·成都之民情风俗》："按：立夏日，用大戥秤人，计其斤数，谓夏至秤人，不害病。"

广东夏至食俗颇为奇特，多"烹犬而食"，其作用为"解疟疾""辟阴气""扶阳气""御蛊毒"。如：清康熙二年刊《乳源县志》："'夏至'，啖犬肉，以滋阳气。"清乾隆四十八年刊《归善县志》："'夏至'，食犬肉，饮荔枝酒助阳气。"清道光十年刊《西宁县志》："'夏至日'，或烹狗集饷，谓一阴生，用热物以胜之。"清同治十三年刊《韶州府志》："五月。'夏至日'，掰荔荐祖考，磔[②]犬以辟阴气。"清光绪十六年刊《花县志》："五月。'夏至'，烹犬而食，云解疟疾。"民国十年刊《增城县志》："五月。'夏至日'，掰荔荐祖考，磔犬以辟阴气。"民国十四年刊《四会县志》："'夏至'，多磔犬以扶阳气，然戒牛、犬者不敢尝。"民国十六年刊《东莞县志》："（夏至）是日，屠狗以食，谓之'解疟'。"民国二十四年刊《罗定志》："'夏至'烹狗，以扶阳气。"民国二十五年刊《龙门县志》："五月。'夏至'，磔犬御蛊毒。"广东夏至日磔犬御蛊毒，乃先秦古俗的遗留，伏日节俗将涉及此问题。

---

① 源自苏东坡诗句："多买黄封作洗泥"。指宴请远客。同"洗尘"。
② 磔：音zhé，古时指分裂祭牲以祭神。

二·伏日习俗

伏日，也叫伏天，三伏①的总称。《汉书·郊祀志上》载秦德公"用三百牢于鄜畤，作伏祠"。孟康注："六月伏日也。周时无，至此乃有之。"颜师古注曰："伏者，谓阴气将起，迫于残阳而未得升，故为臧伏，因名伏日也。"《艺文类聚》卷五《岁时下·伏》引《历忌释》曰："伏者何也？金气伏藏之日也。四时代谢，皆以相生。立春木代水，水生木。立夏火代木，木生火。立冬水代金，金生水。至于立秋，以金代火。金畏火，故至庚日必伏。庚者，金也。"农历夏至后第三庚日起为初伏（头伏），第四庚日起为中伏，立秋后第一庚日起为末伏。初伏、末伏皆为十天，唯中伏有十天或二十天，因为末伏之起必在"立秋"后之庚日的缘故。于是每年的伏天就有三十或四十天。如2014年6月21日（农历五月二十四日）是夏至，夏至后的第三个庚日（公历7月18日，农历六月二十二日，庚寅）进入初伏，十天后进入中伏（公历7月28日，农历七月初二，庚子），再过十天进入末伏（公历8月7日，农历七月十二日，庚戌，立秋），再过十天（公历8月17，农历七月二十二日，庚申），末伏结

---

① 三伏：指初伏、中伏和末伏，或头伏、二伏和三伏。

束,老百姓叫出伏。三伏天正好在小暑和处暑之间,是一年中最热的时候,江南水乡特别潮湿、闷热。炎天白日,路断人稀,人们四处寻阴凉地避暑。晋程晓《伏日》诗曰:"平生三伏时,道路无行车。闭门避暑卧,出入不相过。"北宋张耒《初伏大雨呈无咎》诗云:"初伏炎炎坐汤釜,长安行人汗沾土。"宋白子仪《初伏后偶书呈仰之》诗:"炎天三伏经初伏,火烈石焚疑此时。"又《暑伏偶书呈端祖仰之》曰:"岁时三伏每相承,雨汗居人困不胜。"三十天暑退出伏,早晚始有凉意。宋张耒《出伏后风雨顿凉有感》诗:"三伏如汤釜,熏煮理亦足。西风半夜雨,窗户一清肃。那能惜摇落,可喜过炎燠(yù)。老人亦晨起,稍进杯中醁。"

三伏节起于春秋时代的秦国,最初为夏日祭祀社神①,禳却热毒气。《史记》卷五《秦本纪》:"(德公)二年,初伏,以狗御蛊。"又《史记》卷十四《十二诸侯年表》:"秦德公二年,初作伏,祠社,磔狗邑四门。"《史记》卷二十八《封禅书》记秦德公"作伏祠。磔狗邑四门,以御蛊灾。"唐张守节《史记正义》曰:"六月三伏之节起秦德公为之,故云初伏。伏者,隐伏避盛暑也。"又曰:"蛊者,热毒恶气为伤害人,故磔狗以御之。……按:磔,禳也。狗,阳畜也,以狗张磔于郭四门,禳却热毒气也。"

《汉旧仪》载:"汉魏伏日有酒食之会"。班固撰《汉书》

---

① 社神:指土地神。

卷六十五《东方朔传》："上①以朔为常侍郎，遂得爱幸。久之，伏日，诏赐从官肉。大官丞日晏不来，朔独拔剑割肉，谓其同官曰：'伏日当早归，请受赐。'即怀肉去。"汉杨恽《报孙会宗书》："田家作苦，岁时伏腊，亨（烹）羊炰羔，斗酒自劳。"②颜师古注："炰，毛炙肉也，即今所谓燠（āo）也。"伏腊，伏即伏日，腊即腊日。意思即：田家一年四季劳作辛苦，逢年过节，伏日腊日，均要烹羊炰③羔，喝酒庆贺，过个闹闹热热的节日。看来，汉代官民都要过伏日节。

宋孟元老《东京梦华录》卷八"是月巷陌杂卖"条："都人最重三伏，盖六月中别无时节，往往风亭水榭，峻宇高楼，雪槛冰盘，浮瓜沉李，流杯曲沼，苞鲊新荷，远迩笙歌，通夕而罢。"

南宋吴自牧《梦粱录》卷四《六月》："六月季夏，正当三伏炎暑之时，内殿朝参之际，命翰林司供给冰雪，赐禁卫殿直观从，以解暑气。"六月初六，"是日湖中画舫，俱舣堤边，纳凉避暑，恣眠柳影，饱挹荷香，散发披襟，浮瓜沉李，或酌酒以狂歌，或围棋而垂钓，游情寓意，不一而足。盖此时烁石流金，无可为玩，姑借此以行乐耳。"

清顾禄撰《清嘉录》卷六《六月》：苏州三伏天，"好施者于门首普送药饵，广结茶缘。街坊叫卖凉粉、鲜果、瓜、藕、芥辣、索粉，皆爽口之物。什物则有蕉扇、苎巾、麻布、蒲鞋、草

---

① 上：指汉武帝。
② 汉班固《汉书》卷六十六《杨恽传》。
③ 炰：音páo，古同"炮"，指把带毛的肉用泥包好放在火上烧烤。

席、竹席、竹夫人、藤枕之类，沿门担供不绝。土人剪纸为方圆六八角灯，及画舫宝塔舟车伞扇诸式，或以鸭卵空其中，粘五色楮，彩画成鱼，穴孔纳萤，谓之萤火虫灯，供小儿嬉玩。浴堂亦暂停爨火。茶坊以金银花、菊花点汤，谓之双花。面肆添卖半汤大面，日未午已散市。早晚卖者，则有臊子面，以猪肉切成小方块为浇头，又谓之卤子肉面，配以黄鳝丝，俗呼鳝鸳鸯。""土人置窨冰，街坊担卖，谓之凉冰。或杂以杨梅、桃子、花红之属，俗呼冰杨梅、冰桃子。鲜鱼肆以之护鱼，谓之冰鲜。""纳凉，谓之乘风凉。或泊舟胥门万年桥洞，或舣棹虎阜十字洋边，或分集琳宫梵宇，水窗冰榭，随意留连。作牙牌、叶格、马吊诸戏，以为酒食东道，谓之斗牌。习清唱为避暑计者，白堤青舫，争相斗曲，夜以继日，谓之曲局。或招盲女瞽（gǔ）男弹唱新声绮调，明目男子演说古今小说，谓之说书。置酒属客，递为消暑之宴。盖此时烁石流金，无可消遣，借乘凉为行乐也。"

　　清代北京三伏日，主要有皇家浴象浴马，都人酌酒赏莲，商铺攒聚香会等活动。清潘荣陛《帝京岁时纪胜》"六月"条载："銮仪卫驯象所，于三伏日，仪官具履服，设仪仗鼓吹，导象出宣武门西牐（zhá）水滨浴之。城下结彩棚，设仪官公廨监浴，都人于两岸观望，环聚如堵。""帝京莲花盛处，内则太液池金海；外则城西北隅之积水潭，植莲极多，名莲花池。或因水阳有净业寺，名为净业湖。三伏日，上驷苑官校于潭中浴马。岸边柳槐垂荫，芳草为茵，都人结侣携觞，酌酒赏花，遍集其下。六月朔日，各行铺户攒聚香会，于右安门外中顶进香，廻集祖家庄廻香亭，一路河池赏莲，箫鼓弦歌，喧呼竟日。"

以上所言，基本是古代阔人、文人，最多也不过是市民过伏天的习俗。至于广大劳苦大众，伏天照常顶烈日劳作生产，生活异常艰苦。正如《水浒传》里白胜唱的山歌："赤日炎炎似火烧，野田禾稻半枯焦。农夫心内如汤煮，公子王孙把扇摇。"民国二十六年刊《滦县志》描述河北农民伏天的生活："六月六日，早禾已含秀，冒暑锄田，挥汗如雨，为农夫最苦时期。治田略暇，始与家人尝麦。麦于五月登场，至是始治面食，俗谓'过麦收'。月之下旬，早穈即有熟者，黍必交处暑始熟。田野陂陀之上，多童稚牧牛马者，盖是时草盛畜闲也。"

六月初六是个特殊的日子，宋代定为"天贶节"[1]，明清以后民间叫"洗晒节"，也是制曲做酱的好日子。

先说洗。明沈德符《万历野获编》卷二十四《风俗·六月六日》："至于时俗，妇女多于是日沐发，谓沐之则不腻[2]不垢。至于猫犬之属亦俾浴于河。"清潘荣陛著《帝京岁时纪胜·六月六日》："妇女多于是日沐发，谓沐之不腻不垢。至于骡马猫犬牲畜之属，亦沐于河。"乾隆三十九年刊河北《永平府志》："初伏洗头去风，以杏仁炒麦子，食数粒，一年头不痛、心无呕。"康熙五十七年刊山西《临县志》："初伏，浴于河，谓之'洗百病'。"清同治二年刊山西《榆次县志》："伏日，采樗实煮汤浴儿，云不病热。"明冯应京《月令广义》卷十一载，六月初六"洗六畜，去疾却虫"。

---

[1] 天贶节：指天赐节。
[2] 腻：音zhí，黏着。

| 佛寺晒经　晚清《点石斋画报》

其次说晒。六月初六，为佛寺晒经日。因之，文人曝书籍，妇女曝衣衾，谓可不生蛀虫。明沈德符《万历野获编》卷二十四《风俗·六月六日》载："六月六日本非令节，但内府皇史宬晒曝列圣实录、列圣御制文集诸大函，则每岁故事也。"清富察敦崇《燕京岁时记》曰："京师于六月六日抖晾衣服书籍，谓可不生虫蠹。"清顾禄《清嘉录》卷六《六月·晒书》："六日故事：人家曝书籍图画于庭，云蠹鱼不生。"

再说制曲做酱。伏天，也是制曲做酱的季节，单以华北地区为例：乾隆三十九年刊河北《永平府志》："六月六日，晨汲井水贮之，经年不坏，可以造曲渍醯①。伏日宜造麦曲。"清嘉庆十五年刊河北《滦州志》："六月六日，晨汲井水贮之，可以造曲渍醯。"清光绪元年刊河北《元氏县志》："六月六日，汲水和面作曲，水味经久不恶。"清光绪三年刊河北《蔚州志》："六月六日、初伏日储水，用以造酱、躧②曲、酝酒。"清光绪三年刊河北《乐亭县志》记载，六月六日，"清晨汲井水贮之，经年不坏，可以造面曲、渍醋，又以水煎盐，擦牙洗目。……伏日，折木棉蔓，造麦曲。"清光绪二十一年刊河北《涞水县志》："六月六日凌晨，汲水注瓮，合酱，造曲。"清光绪二十五年刊《天津府志》记载，庆云县"三伏，作豆豉、面酱"。清康熙五十七年刊山西《临县志》："六月六日，取水踏曲，独佳。"清同治十一年刊山西《洪洞县志》："六月六日，五更初各家汲井水，以需作面、醋之用。"清同治十三年刊山西《阳城县志》："六月六日，乡村各具蒸食，牧童陈脯击鼓，竞祀山神。城市每于立伏日合酱，造曲，较常佳甚。"

南方亦盛行伏日造酱醋豉的风俗。明冯应京《月令广义》卷十一《六月令》记三伏日制曲做酱的项目有："裛③酱，麦醋，米醋，莲花醋，大曲，豆豉，麸豉，淡豉，法豉。晒麸茄。晒腌瓜，以紫苏叶或樱桃叶或薄荷叶捲收。伏中造三黄醋。六月造糯米醋，大麦酱醋。"南宋陈元靓《岁时广记》卷二十四引《治生先务》："闽人以六月六日造谷醋，合酱豉，云其日水好。"

---

① 醯：音xī，即醋。
② 躧：音xǐ，踩、踏。
③ 裛：音yǎn，指用柞桑叶、黄荆叶等覆盖。

清顾禄《清嘉录》卷六《六月·合酱》说：苏州"谓造酱馅曰罨①酱黄，馅成之后，择上下火日合酱，俗忌雷鸣。谚云：'雷鸣不合酱。'"清宣统三年傅崇矩编《成都通览·成都之民情风俗》："六月伏日，做胡豆瓣。"无论洗晒还是做酱，关键都在太阳。盛夏时节有充足的阳光，恰是洗浴晾晒的好时候，也是制曲做酱的好时机。烈日下曝晒，才不会滋生有害细菌，而高温下大豆中的有益细菌才会充分发酵。祖先们正是从生产生活中总结了这一顺应节气的习俗，并逐渐成为乡土中国的传统节俗。

---

① 罨：音yǎn，同"弇"。

三·夏天的食俗和禁忌

炎炎夏日，酷暑熏蒸，对于人体健康，既有精神的消耗，又有疾病的威胁，故《礼记·月令》称仲夏之月，"日长至，阴阳争，死生分。"为了安全度过夏天，特别是夏至后的三伏天，古人形成了一套消夏的养生习俗。

据《礼记·月令》记载，先秦时，仲夏之月"君子斋戒，处必掩身，毋躁，止声色，毋或进，薄滋味，毋致和，节嗜欲，定心气。"就是作为君子，夏天要斋戒，居处时不要怕热就赤身露体，谨防着凉；不要浮躁骚动；要禁声色，把握住自己；饮食要清淡，不要刻意追求多味；要节制嗜好和欲望，平心静气，有条不紊地从事工作。简而言之，消夏的秘诀就是：清心寡欲，少安毋躁。正如唐代诗人杜荀鹤《夏日题悟空上人院》诗所言："三伏闭门披一衲，兼无松竹荫房廊。安禅不必须山水，灭得心中火自凉。"

本着"薄滋味，毋致和"的原则，夏天的食俗，自以清淡、保健为主。南朝梁宗懔撰《荆楚岁时记》："伏日并作汤饼，名为辟恶饼。"按："《魏氏春秋》：'何晏以伏日食汤饼，取巾拭汗，面色皎然，乃知非傅粉。'则伏日汤饼自魏以来有之。"明蒋一葵著《长安客话》卷二《皇都杂记·饼》载："水瀹

（yuè）而食者皆为汤饼。今蝴蝶面、水滑面、托掌面、切面、挂面、馎饦（bó tuō）、馄饨、合络、拨鱼、冷淘、温淘、秃秃麻失之类是也。水滑面、切面、挂面亦名索饼。"

明清两代北京夏天食俗。明吕毖辑《明宫史》火集《饮食好尚》曰："夏至伏日，戴荜麻子叶。吃'长命菜'，即马齿苋也。""初伏、中伏、末伏日，亦吃过水面。吃'银苗菜'，即藕之新嫩秧也。初伏日造曲，惟以白面用菉豆黄加料和成晒之。立秋日，戴楸叶，吃莲蓬、藕、晒伏姜，赏茉莉、栀子兰、芙蓉等花。先帝爱鲜莲子汤，又好用鲜西瓜种微加盐焙用之。"清潘荣陛《帝京岁时纪胜·六月·时品》又曰："盛暑食饮，最喜清新，是以公子调冰，佳人雪藕。京师莲实种二：内河者嫩而鲜，宜承露，食之益寿；外河坚而实，宜干用。河藕亦种二：御河者为果藕，外河者多菜藕。总以白莲为上，不但果菜皆宜，晒粉尤为佳品也。且有鲜菱、芡实、茨菇、桃仁，冰澌下酒，鲜美无比。"清代北京亦盛行食西瓜解暑。富察敦崇《燕京岁时记》云："六月初旬，西瓜已登，有三白、黑皮、黄沙瓤、红沙瓤各种。沿街切卖者，如莲瓣，如驼峯，冒暑而行，随地可食。既能清暑，又可解酲，故予尝呼为清凉饮。"

民国二十年刊《天津志略》："入伏，有饮食期，初伏面饺，二伏面条，三伏则为饼，而佐以鸡蛋。谚云：'头伏饺子二伏面，三伏烙饼摊鸡蛋。'乡村农民，则初伏种萝卜，二伏种菜，三伏种荞麦。"

清光绪七年刊山西《翼城县志》："六月初六日，邑人多以酵面为蒸食，剁碎肉于中，而开其口，谓之'张口馒头'。姻亲家率相馈送焉。"民国十八年刊山西《翼城县志》:"六月初六日,凡女新适人者,母家多以酵面为蒸食,剁碎肉或芝麻糖于中,而开其口,谓之'张口馒头'。新妇怀孕临产时,母家馈送之食物,亦然。盖取夫开怀之义焉。"民国九年刊山西《虞乡县①新志》:"六月六日,号'天贶节'。家家俱吃煎饼,晒衣服。"民国六年刊山西《万泉县志》:"六月六日,人家食煎饼,曰'补天'。"

---

① 虞乡县:今为山西省永济市虞乡镇。

四·夏日数九

如同冬至以后要数九一样,民间习俗夏至以后也有数九,数及九九八十一日,伏尽热退。从宋代开始,各地流传着反映本地暑凉变化的《九九歌》。

最早的《夏至九九歌》,见于南宋陆泳《吴下田家志》:"一九二九,扇子不离手。三九二十七,冰水甜如蜜。四九三十六,拭汗如出浴。五九四十五,头戴秋叶舞。六九五十四,乘凉入佛寺。七九六十三,床头寻被单。八九七十二,思量盖夹被。九九八十一,家家打炭墼(jī)。"炭墼,用炭末做成的块状物,用于烤火取暖。

宋周遵道《豹隐纪谈》:"石湖居士戏用乡语云:土俗以二至后九日为寒燠之候,故谚有'夏至未来莫道热,冬至未来莫道寒'之语。又夏至后一说云:一九至二九,扇子不离手;三九二十七,喫水如蜜汁;四九三十六,争向露头宿;五九四十五,树头秋叶舞;六九五十四,乘凉不入寺;七九六十三,夜眠寻被单;八九七十二,单被添夹被;九九八十一,家家打炭墼。"

周遵道生卒年、籍贯均不详,然石湖居士范成大是苏州人则确定无疑。他所引的《夏至九九歌》,亦是反映江南苏吴之地暑凉变化的节气歌谣。故两首九九歌,字句大同小异。

明田汝成辑撰《西湖游览志余》卷二十五《委巷丛谈》："杭人以冬夏二至后，数九以纪寒暑，云：'……夏至后，一九二九，扇子不离手。三九二十七，冰水甜如蜜。四九三十六，拭汗如出浴。五九四十五，头戴秋叶舞。六九五十四，乘凉入佛寺。七九六十三，床头寻被单。八九七十二，思量盖夹被。九九八十一，家家打炭墼。'"

苏杭地区，从宋至明，民间流传的《夏至九九歌》，都差不多，变化不大，说明气候变化甚微。

明谢肇淛撰《五杂组》也引了一首《夏至九九歌》，其书卷二《天部二》："夏至后九九气候，谚云：'一九二九，扇子不离手。三九二十七，冰水甜如蜜。四九三十六，汗出如洗浴。五九四十五，头戴秋叶舞。六九五十四，乘凉入佛寺。七九六十三，床头寻被单。八九七十二，思量盖夹被。九九八十一，阶前鸣促织。'……按此谚起于近代，宋以前未之闻也。其以九数，不知何故。今吴兴人言道里远近，必以九对而不言十，亦可笑也。"

居住在杭州的谢肇淛虽是福建长乐人，但他引的《夏至九九歌》还是采自江南吴兴，只最后一句"九九八十一，阶前鸣促织"同前三首有别，其余也是大同小异。

七夕今宵看碧霄

七夕

七夕今宵看碧霄,牵牛织女渡河桥。
——唐·林杰《乞巧》

双针竞引双丝缕,家家尽道迎牛女。
——宋·张先《菩萨蛮·般涉调·七夕》

七夕，又名「乞巧节」「少女节」「女儿节」，因为时间在农历的七月初七晚上，所以又名「七月七」，在甘肃陇南一带也称之为「娘娘节」。七夕作为汉民族的传统节日，是少有的以女性为中心的节日之一。

一·七夕与牛郎织女的神话传说

七夕与牛郎织女的神话传说有着千丝万缕的联系。牛郎和织女本是天上的两颗星星,牛郎星本名牵牛,又称河鼓,隔银河与织女星相对。这两颗位于银河两侧的亮星,在上古时期就受到人们的特别关注,并成为上古人们确定季节的标志星。根据《夏小正》的记载,上古七月的傍晚之时,织女星就会出现在正东方向。人们以织女星出现的方位来确定七月的到来。这时的文字记载还只是纯粹的天文星象记录。《诗经·小雅·大东》:"维有天汉,监亦有光。跂彼织女,终日七襄。虽则七襄,不成报章。睆彼牵牛,不以服箱。"这时的牵牛星和织女星尚未被人格化。在当时人的思想里,织女虽然具有"织女"之名,但却是不能从事实际制丝织布的织女,而牵牛,也仅仅是一只不能拉车的神牛而已。

战国末年、秦朝初年,在民间流行的择日数术书中出现了"牵牛以取(娶)织女,不果"的说法。据云梦睡虎地秦简《日书》甲种第一五五简正记"取妻"忌日说:"戊申、己酉,牵牛以取(娶)织女,不果,三弃。"在另一简文中说:"戊申、己酉,牵牛以取(娶)织女而不果,不出三岁,弃若亡。"何谓"不果"?事与预期相合的称果,不合的称不果。不果,即不能成为事实。此时的牵牛、织女尽管在人们的思想中已有男女之别，但他们毕竟还是天上的星辰，要结为夫妻，那是不可能的。云梦睡虎地秦简《日书》甲种第七十六正壹记"祠星"："牵牛，可祠及行，吉。不可杀牛。"还是将其作为牵牛星祠祭。故，"牵牛以取（娶）织女，不果"是一句比喻的话，比喻那些事与愿违的选择。

《史记·天官书》说"牵牛为牺牲"，即供祭祀用的纯色牛。又说"织女，天女孙也"，即织女是天帝的孙女。汉甘德和石申著《甘石星经》卷下："织女三星，在天市东端。天女主瓜果丝帛，收藏珍宝。"亦即是说。至司马迁著《史记》的时候（公元前145—公元前86年），牵牛还是祭祀用的神牛，织女则是"主瓜果丝帛，收藏珍宝"的女神。

东汉班固《西都赋》："集乎豫章之宇，临乎昆明之池，左牵牛而右织女，似云汉之无涯。"唐李善注："《汉宫阙疏》曰：昆明池有二石人，牵牛织女象。"可见到了东汉前期，才有牵牛织女人格化的迹象。此时的牵牛已经不再是祭祀的纯色牛，而是同织女隔着天河遥遥相对的牧童，但是还没有说他们之间有恋情。

最早描写牵牛织女爱情的文献是《古诗十九首》："迢迢牵牛星，皎皎河汉女。纤纤擢素手，札札弄机杼。终日不成章，涕泣零如雨。河汉清且浅，相去复几许。盈盈一水间，脉脉不得语。"此诗作者不详，从五言诗成立的时代，可推测《古诗十九首》是东汉末建安时代的作品。1973年，四川郫县竹瓦乡出土的东汉墓石棺盖相对刻着牛郎织女画像：牛郎头戴三角冠，身着

广袖长服,束带,左手抬举,右手牵牛,扬蹄飞奔。右方织女,头挽双髻,身着广袖长袍,体态轻盈,左手平举,右手执梭(或云绕线板),凝视对方。他俩之间留一空隙,似象征银河,遥遥相望。《古诗十九首》的《迢迢牵牛星》诗,得到了考古资料印证。

西晋之前,民间传说,牵牛织女尚无七夕渡河之说。

《太平御览》卷三十一引东汉末年崔寔《四民月令》曰:"七月七日作曲,合蓝丸及蜀漆丸,暴经书及衣裳,习俗然也。"

《世说新语·任诞》:"阮仲容(咸)步兵居道南,诸阮居道北。北阮皆富,南阮贫。七月七日,北阮盛晒衣,皆纱罗锦绮。仲容以竿挂大布犊鼻裈于中庭。人或怪之,答曰:'未能免俗,聊复尔耳!'"注引《竹林七贤论》曰:"旧俗七月七日,法当晒衣。诸阮庭中灿然锦绮。咸时总角,乃竖长竿挂犊鼻裈也。"

《世说新语·排调》:"郝隆七月七日出日中仰卧。人问其故?答曰:'我晒书。'"

可见,西晋以前旧俗,以七月七日为曝经书及衣裳之日。晋人伪撰的《列仙传》《神仙传》《汉武帝内传》,又以此日为神仙下降之日。

晋人始以七月七日咏织女。西晋初在傅玄《拟〈天问〉》中有"七月七日,牵牛织女时会天河"的话,不但让牵牛织女相会,而且将相会时间定在七月七日。

与傅玄同时的周处《风土记》不但有牵牛织女七夕相会,而且首次出现"使鹊为桥",同时记载了民间七夕祭祀牵牛织女二星神、乞愿的习俗。

南宋陈元靓《岁时广记》引《风土记》载:"织女七夕当渡河,使鹊为桥。"《太平御览》卷三十一引晋周处《风土记》:"七月初七日,其夜洒扫于庭,露施几筵,设酒脯时果,散香粉于筵上,以乞河鼓①、织女,言此二星辰当会,守夜者咸怀私愿,咸云:见天汉中,有奕奕白气,有光耀五色,以此为征应,见者便拜而愿乞富乞寿,无子乞子,唯得乞一,不得兼求,三年乃得言之,颇有受其祚者。"

西晋张华《博物志》说:天河与海相通,有人在海上航行了很久,前十多天还可以看见天上的日月星辰,后来"茫茫忽忽亦不觉昼夜",然后这个航海人到了一个"有城郭状,屋舍甚严"的地方,"遥望宫中多织妇,见一丈夫牵牛渚次饮之"。牵牛人问他"何由至此?"此人说明来意并问这是何地,牵牛人让他回去问成都卖卜人严君平。后来,他去成都,问严君平,才知道他到了天河。明陈耀文撰《天中记》卷二引《荆楚岁时记》曰:"汉武帝令张骞使大夏,寻河源,乘槎经月,而至一处,见城郭如州府,室内有一女织。又见一丈夫牵牛饮河。骞问曰:'此是何处?'答曰:'可问严君平。'织女取楮(支)机石与骞而还。后至蜀问君平,君平曰:'某年某月客星犯牛女。'楮(支)机石为东方朔所识。"唐代赵璘的《因话录》和北宋严有翼所编著的《艺苑雌黄》,都认为支机石就在成都的严真观中,

---

① 河鼓:指牵牛。《尔雅》曰:"河鼓谓之牵牛。"

是汉代严君平所留下来的。据说,今天安放在成都文化公园里那块高约数尺的"支机石"就是这么来的。姑妄听之!

南朝梁吴均撰《续齐谐记·七夕牵牛》:"桂阳成武丁有仙道,常在人间,忽谓其弟曰:'七月七日织女当渡河,诸仙悉还宫。吾向已被召,不得停,与尔别矣!'弟问曰:'织女何事渡河?去当何还?'答曰:'织女暂诣牵牛,吾复三年当还。'明日失武丁。至今云织女嫁牵牛。"

明代冯应京《月令广义·七月令》引《小说》云:"天河之东有织女,天帝之子也。年年机杼劳役,织成云锦天衣,容貌不暇整。帝怜其独处,许嫁河西牵牛郎。嫁后遂废织纴。天帝怒,责令归河东,但使一年一度相会。"此《小说》是否即南朝梁殷芸《小说》,不见宋、元以前类书如《太平御览》所引,诚为疑问。然牛郎织女神话在冯应京所处的时代,明万历以前早已成型,是可以肯定的。

随着七夕节日的固定,这个故事的版本也就多了起来。早期的版本就有隋代杜公赡注《荆楚岁时记》转引道书所说的,牛郎迎娶织女时,借天帝二万钱下聘礼,久而不还,于是牛郎被天帝驱自"营室",罚作苦工。这个故事从一个侧面反映了当时婚嫁的一些习俗,即男方要给女方送金额较大的聘礼。民众把当时男女因经济原因造成的婚姻障碍折射到天庭,进而演化出牛郎织女的悲剧故事。

民众不满意文献上记载的牛郎织女故事,近代民间又流传出另一种牛郎织女故事:据说织女是天上的仙女,王母娘娘的外孙女;牛郎是凡间的一个贫苦孤儿,常受哥嫂虐待,后来哥嫂分给他一头老牛,就把他赶出家门,让他自立门户。从此牛郎和老牛相依为命。有一天,织女偕同众仙女下凡,在清澈的湖中洗澡嬉戏,牛郎听从老牛的计谋,突然从湖边芦苇中跑出来偷走了织女的衣裳。其他的仙女们都上岸穿好衣裳飞走了,只剩下丢了衣裳的织女。在牛郎的恳求下,织女嫁给了牛郎。婚后,两人男耕女织,相敬如宾,过起了幸福的生活。织女还给牛郎生了一儿一女。后来,老牛要死的时候,叮嘱牛郎要把它的皮留下来,到危急的时候披上以求帮助。老牛死后,夫妻俩忍痛剥下牛皮,埋葬了老牛。后来仙女们私自下凡以及牛郎织女成亲的事被王母娘娘知道了,她勃然大怒,命令天神下界抓回织女。天神趁牛郎不在家,抓走了织女。牛郎回家不见了织女,急忙披上牛皮,挑着两个孩子追上去。眼看牛郎就要追上了,王母娘娘心中一急,拔下头上的簪子在天空中一划,就出现了一道波浪滔天的银河,牛郎再也过不去了。从此,牛郎织女只能隔河相望。后来王母娘娘被他们的真挚情感所感动,就准许他们每年七月七日相会一次。这也是经过民众选择,最终定型的牛郎织女故事梗概。

二·七夕的习俗

七夕，为牵牛织女聚会之夜。历来有如下民俗活动：

陈瓜果祭拜牛女双星

《太平御览》卷三十一引周处《风土记》云："七月初七日，重此日。其夜洒扫中庭。然则中庭乞愿，其旧俗乎！"

魏晋以后，七夕逐渐成了女性的节日，祈愿之外，加上乞巧的内容。南朝梁宗懔《荆楚岁时记》曰："七月七日，为牵牛织女聚会之夜。是夕，人家妇女结彩缕，穿七孔鍼[①]。或以金银鍮（tōu）石[②]为鍼，陈瓜果于庭中以乞巧，有喜子（蜘蛛）网于瓜上，则以为符应。"

大唐盛世，七夕乞巧规模空前壮大。根据唐代的《百官志》记载，织染署在七月七日要祭机杼，希望借织女星之祥，求得工巧。据《天宝遗事》记载，当时皇宫中，每到七夕，宫女们用彩色的锦缎结成高百丈容纳数十人的楼殿，摆瓜果酒肴，设坐席，拜祀牛女二星乞巧，老百姓都效仿。唐韩鄂撰《四时纂要》

[①] 鍼：音zhēn，指针。
[②] 鍮石：指黄铜。

秋令卷之四《七月》："七日乞巧，乞富贵，随人所愿，三年必应。"

宋代，京师的有钱人家也会在庭院中结彩楼乞巧，并美其名曰"乞巧楼"。而普通人家则用竹篾或木板等编成棚子，剪五彩布结成小楼，或者制作仙楼，在上面雕刻牛郎织女等仙人像来乞巧；也有的人家只用一块木板，另剪纸做成仙桥，在上面塑牛女等众仙像。拜祭的时候，男孩子们把笔墨纸砚摆放在牵牛牌位前，写上"某乞聪明"，女子们则把针线盒放在织女位前面，写了"某乞巧"的条子，以此来乞求聪明与灵巧。当时京师人祭祀牛女之时，还有在案上先铺楝叶再设瓜果的习俗，到时街市上就会有唱卖铺陈楝叶的。楝叶即苦楝树的叶子，大概是因为谐音苦恋，才会在七夕祭祀之时摆出，这也包含着老百姓对牛女爱情的同情和支持。宋代还出现了专门卖乞巧果的行当，不仅有雕成奇花异鸟的瓜果，还有用油面糖蜜按照捻香和方胜的图案做成的"笑靥儿"，宋孟元老《东京梦华录》里称之为"果实花样"。如果购买一斤巧果，其中还会有一对身披盔甲，貌似门神的人偶，号称"果食将军"。在东京会有专门的"乞巧市"卖这些节庆物资。不过七夕结乞巧楼祭拜的盛况到明清时候就很少见了，只有设瓜果宴拜织女乞巧一直流传了下来。

明田汝成辑撰《西湖游览志余》卷二十《熙朝乐事》：杭州"七夕，人家盛设瓜果酒肴于庭心或楼台之上，谈牛女渡河事。妇女对月穿针，谓之乞巧。或以小盒盛蜘蛛，次早观其结网疏密，以为得巧多寡。"

清顾禄《清嘉录》记苏州七夕："七夕前，市上已卖巧

果，有以白面和糖，绾作苎结之形，油氽令脆者，俗呼为苎结。至是，或偕花果，陈香蜡于庭或露台之上，礼拜双星以乞巧。""吴中旧俗，七夕，陈瓜果，焚香中庭。僧尼各聚男女烧香者为会。"

四川近代过七夕的民俗活动，主要亦是妇女参与。据方志中记载，其活动有两项：一为"祭巧神"，"闺中陈瓜果供牵牛织女"，或"剪缯为牵牛、织女形，陈瓜果祀之"。二为"乞巧"，"月下穿针乞巧"或"买豆芽乞巧"。

乞巧的游戏

织女是天上的仙子，能织出漂亮的云锦天衣，自然是精于女红、心灵手巧。乞巧，就是向织女乞求女红的技巧。七夕，祭祀牛、女后，妇女便会玩多种乞巧的游戏，以验证是否"得巧"。

一是月下穿针乞巧。

穿针是女红的基本功，穿针乞巧是七夕乞巧的一种常见方式。晋葛洪撰《西京杂记》卷一："汉彩女常以七月七日穿七孔针于开襟楼，俱以习之。"《荆楚岁时记》记载，七月初七晚上，家家户户的妇女结扎彩丝线，穿七孔针。有的人用金、银、黄铜做成针。所谓"七孔针"，不是一针有七个孔，而是一针一孔，对月连续穿七根针孔，一考眼力，二考速度，比赛女子谁心灵手巧，谁穿的针孔多，谁穿得快。南宋陈元靓《岁时广记》卷二十六《七夕上》引吕原明《岁时杂记》云："今人月下穿针，实不可用，其状编如篦子为七孔，特欲度线尔。""其状编如篦子为七孔"，即把七根针编排为篦子状，即一针一孔，

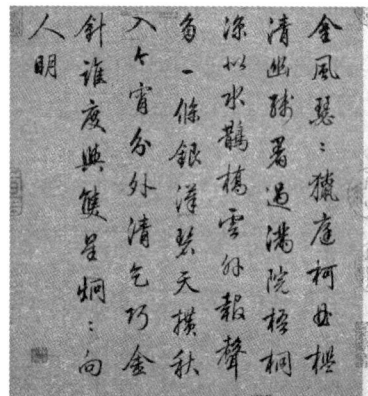

| 桐荫乞巧　（清）陈枚绘《月曼清游图册》

共为七孔。清乾隆三十三年刻本《福建续志》载："七月'七夕'，妇女陈瓜果、茗碗、炉香各七，用针七枚于暗中取绣线穿之，以卜得巧之多寡。"从清代福建民间七夕穿针乞巧规则，可窥何谓"七孔针"。唐徐坚等著《初学记》卷四引南朝宋孝武帝《七夕》诗曰："迎风披彩缕，向月贯玄针。""玄针"，就是七夕夜妇女对月穿针线所用之针。古代穿针乞巧不一定穿七孔针，唐欧阳询编《艺文类聚》卷四《岁时中·七月七》所引南朝七夕穿针诗中屡见穿"双针"或"双眼针"。例如，梁刘遵《七夕穿针》诗曰："步月如有意，情来不自禁。向光抽一缕，举袖弄双针。"梁刘孝威《七夕穿针》诗曰："缕乱恐风来，衫轻羞指现。故穿双眼针，特缝合欢扇。""双针""双眼"，当然为一针一眼。宋词中还有"五孔针"，南宋陈元靓《岁时广记》卷二十六引石延年《鹊桥仙·七夕》词："一分素景，千家新月，凉露楼台遍洗。宝奁（lián）深夜结蛛丝，纴五孔、金

针不寐。"唐朝宫中乞巧,还有"九孔针"。五代王仁裕撰《开元天宝遗事》卷下《天宝下·乞巧楼》:"宫中以锦结成楼殿,高百尺,上可以胜数十人,陈以瓜果酒炙,设坐具,以祀牛、女二星。嫔妃各以九孔针、五色线,向月穿之,过者为得巧之候。动清商之曲,宴乐达旦,士民之家皆效之。"元陶宗仪《元氏掖庭记》说:"九引堂台,七夕乞巧之所。至夕,宫女登台以五彩丝穿九尾针,先完者为得巧,迟完者谓之输巧,各出资以赠得巧者焉。""九尾针"即是将九根针编排为篦子状,看上去像神话中的"九尾狐"的尾巴一样,故"九尾针"亦即"九孔针"。可知,从"双孔针""五孔针""七孔针"至"九孔针",均为一针一孔。如非一针一孔,便很费解!唐诗中歌咏七夕穿针乞巧的诗篇甚多,如崔颢《七夕词》:"长安城中月如练,家家此夜持针线。"祖咏《七夕》:"向月穿针易,临风整线难。不知谁得巧,明旦试相看。"罗隐《七夕》:"香帐簇成排窈窕,金针穿罢拜婵娟。"宋孟元老《东京梦华录》说七夕东京汴梁城中"妇女望月穿针"。宋金盈之撰《醉翁谈录》卷三说:"其夜,妇女以七孔针于月下穿之,其实此针不可用也,针褊而孔大。"金盈之所谓"针褊而孔大"的乞巧针,不知是他亲眼所见,还是揣测之词?总之,尚无古代遗留的文物佐证。从情理度之,既称乞巧,又把针孔铸那么大,岂不是轻而易举就穿过了?怎么能比赛出手艺的巧拙?北周诗人庾信《七夕赋》说得对:"缕条紧而贯矩,针鼻细而穿空。"七夕乞巧的针,就是女子平日使用的"针鼻细"的缝衣绣花针。清顾禄《清嘉录》记苏州妇女七夕"又以线刺针孔,辨目力"。清代四川亦流行七夕月下穿针乞巧习俗。

如：光绪元年刻本《定远县志》记四川定远县（今武胜县），"七月七夕，设瓜菜于庭，女儿月下穿针，以争巧捷。"光绪四年刻本《合州志》："七月七夕，设瓜果于庭以乞巧。少女穿针月下，较胜负。"光绪十年刻本《射洪县志》："七月七日为'七巧节'。闺中少女以凤仙花染指甲。是夜，妇女用瓜果、香花供牛郎织女，列拜于庭，对月穿针，谓之'乞巧'。穿过者，谓之'得巧'。"民国年间的四川合江尚存七夕"妇女对月穿针，以瓜果祀双星"的习俗。

二是投针卜巧。

这是源于穿针乞巧风俗的变俗，流行于明清两代。明代刘侗、于奕正的《帝京景物略》卷二《春场》称之为"丢巧针"。七月七日中午，妇女用盆子盛水暴晒在太阳下，等过一会水面上会生成一层膜，这时把绣花针投进去它就会浮在水面上。观看水底针影，有成云物、花头、鸟兽影的，有成鞋、剪刀、水茄影的，都象征乞得了灵巧；而针影粗如棰、细如丝或直如轴蜡的，都是笨拙的兆头。见此状，丢针女只好叹息，甚至有流眼泪的。清潘荣陛的《帝京岁时纪胜》和富察敦崇的《燕京岁时记》都记载了这种习俗。《燕京岁时记》"丢针"条："京师闺阁，于七月七日以碗水暴日下，各投小针，浮之水面，徐视水底日影，或散如花，动如云，细如线，觕（粗）如椎，因以卜女之巧拙。俗谓之丢针儿。"清顾禄《清嘉录》卷七《七月》记江南女子，"七日前夕，以杯盛鸳鸯水①，掬和露中庭，天明日出晒之，徐

---

① 鸳鸯水：指河水和井水混合。

俟膜生面，各拈小针，投之使浮，因视水底针影之所似，以验智鲁，谓之菝（dū）巧。"民国二十五年铅印本《浙江新志》："（绍兴）七月'七夕'：相传是晚为牛女相会，以瓜果、香烛供之。并以碗一，以针投水，视针之水影形状类似，以为巧拙之标准。日间妇女并采荆树叶汁和水洗发。"

三是种生乞巧。

宋代还有生花乞巧的习俗。北宋吕原明《岁时杂记》所载，京师一带人家，每到七夕前十日左右，用清水泡绿豆或豌豆，每天换水一次或两次，等到豆芽长到五六寸的时候，就另换在小盆中。等到七夕，豆芽可长达一尺左右，人们称此为生花盆儿，豆芽还可以用来做腌菜吃。不过，七夕的豆芽主要不是食用。宋孟元老《东京梦华录》说：七夕"又以菉豆、小豆、小麦，于磁器内以水浸之，生芽数寸，以红蓝彩缕束之，谓之'种生'。皆于街心彩幙帐设出络货卖。"妇女就将这些"种生"买回去乞巧。种生乞巧的具体方式，《东京梦华录》等几种集中记录宋代民俗的书，均语焉不详。从近代四川方志中保存的豆芽乞巧习俗记载看，是把豆芽投在水里，像投针验巧一样，根据豆芽的影子来检验得巧与否。清嘉庆二十年刻本《三台县志》：七月"七日之夕，为牛女渡河期。先期用水浸豌豆于碗中，令芽长尺余，红笺（线）束之，名曰'巧芽'。至此夕，妇女焚香、献瓜果，向空跪祝天孙以'乞巧'。祝毕，摘取芽尖投水中，对灯、月下照之，或现针影，或露花影，或变鱼、龙影，相与为欢，谓之'得巧'。儿童亦争效之。其影又有如笔形者，如刀剑形者，有如双斗旗杆者，种种不一。若投芽于水，毫无形相，则以为不巧

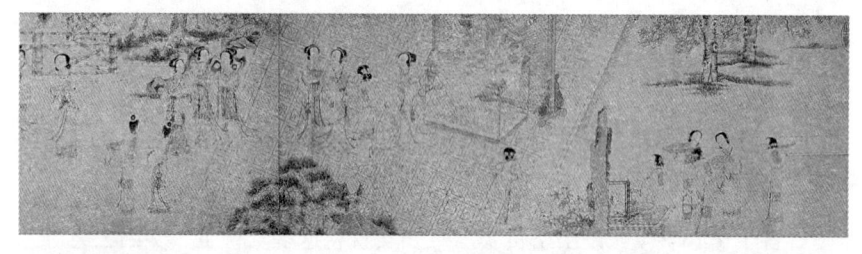

（明）仇英绘《乞巧图卷》 台北故宫博物院藏品

矣。"

宋孟元老《东京梦华录》里还记载了另外一种种生乞巧的方式。七夕时节，人们在小木板上铺上泥土，种上粟谷，浇水令其生苗，然后在木板上搭建小的房屋篱笆，栽一些小花草，做一些小人偶，做成农舍人家的样子，以此来乞巧，这种农舍模型就被称之为"谷板"。

四是喜蛛应巧。

除了利用植物来乞巧外，和织女缫丝织布有着类似特点的结网蜘蛛也是古人们乞巧的一种吉祥物。喜蛛应巧也是比较早的一种乞巧方式，大概起于魏晋南北朝时期。南朝梁宗懔在《荆楚岁时记》里说，七夕之夜，人们在院子里摆设瓜果宴乞巧，如果有蜘蛛在瓜上结网则被认为是乞得灵巧的瑞应。据《天宝遗事》记载，唐明皇与妃子们，每到七夕就在华清宫游玩宴饮，宫女们各自捕捉蜘蛛关闭在小盒子里，等到天明的时候打开查看蜘蛛是否结网，以此来验定谁乞得的灵巧多。民间也争相仿效。唐朝金门一带的七夕，人们还用蛛丝结"萬"字来乞巧。宋代人们传承了这个有趣的习俗。宋孟元老《东京梦华录》说，七夕，把小蜘蛛安在盒子里，次日查看，如果网结得圆正即是"得巧"，各伎馆还把结网的漂亮盒子摆放在门口，既显示"得巧"的瑞应，又炫耀盒子的灵巧精致。而南宋周密在《乾淳岁时记》里则说，人们是以网结的疏密来断定得巧之多少的。除了用蛛网验巧外，七月七日当天的蛛网还有令人提高记忆力的功效。据唐孙思邈《千金方》记载，七月七日取蛛网一枚，戴在衣领中，不要让别人知道，就可以提高自己的记忆力，不忘事。当然，这些都是"姑妄言之,姑妄信之"的俗信!

供奉偶像

宋代七夕之祭,人们还会供奉一些偶像。根据宋孟元老《东京梦华录》,人们在七夕用黄蜡塑造牛郎织女人物,以及凫雁鸳鸯鸂鶒①鱼龟莲荷之类的蜡像,上面彩绘金缕,人称"水上浮",妇女买回家浮在水上,以此供奉牛女,祈求夫妇和顺。还有一种偶像——"磨喝乐",其形象多为手持荷叶、衣着金缕、嗔眉笑眼的小土偶。据《东京梦华录》,七月七日,京城的潘楼街东、宋门外瓦子、州西梁门外瓦子、北门外南朱雀门及马行街内,都在卖"磨喝乐"土偶,有的用彩绘木雕做成底座,还有的带有碧纱笼,也有的用金银翡翠装饰,贵重的一对就价值不菲。随着人们对节物的追捧,"磨喝乐"也越做越精巧,有用金银铸造的,也有用象牙雕磨而成的。人们买回去七夕时供奉,有宜子之祥。不过,据钱锺书先生考证,七月七日街上卖的名曰"磨喝乐"的泥孩儿,又名"化生","虽设于七夕,而本为乞巧,非为求子,且作女形,类'送子'之'大士',不类观音所送之孩儿"②,就是一种类似惠山泥人的玩偶,只是"南宋时大内供奉之孩儿像生,非复粉捏泥制者"。因为制作精巧,故南宋陈元靓《岁时广记》卷二十六《七夕上》"磨喝乐"条说:"南人目为巧儿",七夕供奉"巧儿"以乞巧。《东京梦华录》注及南宋陈

---

① 鸂鶒:音xī chì,又称紫鸳鸯。
② 《管锥编》卷四《全陈文》。

元靓《岁时广记》都提到"磨喝乐"本是佛经中的"摩睺罗",音讹传成了"磨喝乐"。据此,近世学者多认为"磨喝乐"源于佛教,如胡适认为是从印度大黑天演变而来,傅芸子认为是佛教中传说的天龙八部之"摩睺罗伽",邓之诚认为是罗睺罗。但当代学者刘宗迪则认为这一习俗与西亚的塔穆兹(阿多尼斯)有关。

染红指甲

既然七夕是女性的节日,自然少不了爱美的风俗。染指甲就是年轻的女子们追寻美丽的一项七夕活动。南宋周密《癸辛杂志》记染红指甲法:采红色凤仙花,捣碎,加明矾少许,用来染指甲,然后再用布条缠好手指过夜。如此三四次,则其色深红,洗涤不去,不过日子久了还是会慢慢褪色。当时的女子都很喜欢用这种方法来染红指甲。不过周密没有强调非在七夕这天。清顾禄《清嘉录》记苏州七夕风俗,"捣凤仙花汁,染无名指尖及小指尖,谓之红指甲。相传留护至明春元旦,老年人阅之,令目不昏"。四川盐亭、射洪、叙府、筠连、涪州、丰都等地的明清和民国时期的地方志里都记有七夕女子染红指甲的风俗。

聚饮吃巧

北宋庄绰撰《鸡肋编》卷上:"浙人七夕,虽小家亦市鹅鸭食物,聚饮门首,谓之'吃巧'。"南宋吴自牧著《梦粱录》卷四《七夕》:"七月七日,谓之'七夕节'。其日晚晡时,倾城儿童女子,不论贫富,皆著新衣。富贵之家,于高楼危榭,安排筵会，以赏节序，又于广庭中设香案及酒果，遂令女郎望月，瞻斗列拜，次乞巧于女、牛。或取小蜘蛛，以金银小盒儿盛之，次早观其网丝圆正，名曰'得巧'。"

今朝道是中元节

中元、盂兰盆会

今朝道是中元节,天气过于初伏时。
小圃追凉还得热,焚香清坐读唐诗。

——宋·杨万里《中元日午》

农历七月十五日,又曰「七月半」,民间叫「鬼节」,是日有烧纸钱祭祖活动,俗称「烧纸会」。道教谓之中元,是超度孤魂野鬼之日。佛教称「盂兰盆节」,佛陀信众在此日做「盂兰盆会」,以百味五果供养佛与僧,以所得福报来报答父母养育之恩。佛、道二教这一天的祭祀活动融合于民间相沿久远的祭祖习俗之中,形成一重要传统节日,总名之曰「中元节」。

一·中元节的由来

汉民族自古重视对祖先的祭祀活动。早在先秦时期，一年四时之祭就已经非常盛行。《礼记·月令》载孟秋七月，"是月也，农乃登谷。天子尝新，先荐寝庙①"。秋天是丰收的季节，人们把成熟的谷物首先献给神灵和自己的祖先，一方面是希望得到他们的庇佑，另一方面也是为了保证神的优先享用权。只有神灵享用过后，人们才敢放心地享用这些收获品。这种秋天的尝祭日最开始并不固定，后来逐渐确定在了农历的七月十五前后，因为七月十五是立秋后的第一个望日，即秋后的第一个月圆之夜，在这样一个丰收的季节里，这样一个月光皎洁的夜晚，进行尝新的祭祀，对古人来说是一个极佳的选择，民间祭祀神灵祖先便逐渐固定在了这一天。宋孟元老《东京梦华录》卷八有"告秋成"的记载："中元前一日，即卖练叶②，享祀时铺衬桌面，又卖麻谷窠儿，亦是系在桌子脚上，乃告祖先秋成（谷物经秋而有收成）之意。又卖鸡冠花，谓之洗手花。十五日供养祖先素食，才明即卖穄米饭③，巡门叫卖，亦告成意也。"南宋陆游《老学

---

① 寝庙：宗庙。
② 练叶：楝树叶。
③ 穄米饭：指糜子，即黄米饭。

庵笔记》卷七:"故都残暑,不过七月中旬。俗以望日具素馔享先,织竹作盆盎状,贮纸钱,承以一竹焚之。视盆倒所向,以占气候;谓向北则冬寒,向南则冬温,向东西则寒温得中,谓之盂兰盆,盖俚俗老媪辈之言也。"可见七月中旬望日摆设素宴祭祀祖先,就是古代尝祭之礼的遗俗。而所谓盂兰盆,据民间老一辈人说,就是祭祀时盛纸钱的竹盆。据清赵翼著《陔余丛考》考证,纸钱起于魏、晋。通行的汉文《盂兰盆经》据说是西晋时来华高僧竺法护(Dharmaraksa)从梵文翻译过来的,但现存的梵文和巴利文佛经中已找不到这部经典了。它究竟是竺法护的译作,还是竺法护借用佛教经典中"盂兰盆"这个词语而进行的发挥,或者是后人托竺法护之名而进行的创作,见仁见智,莫衷一是。佛典大正藏现存《盂兰盆经》全一卷,八百余字,内容记述佛陀之大弟子目连,因不忍其母堕饿鬼道受倒悬之苦,乃问法于佛,佛示之于七月十五日众僧自恣时,用百味饭食五果等供养十方佛僧,即可令其母脱离苦难。《燕京岁时记·盂兰会》引《释氏要览》云:"盂兰盆乃天竺国语[①],犹华言解倒悬也。"富察敦崇以为"今日设盆以供,误矣。"窃以为,非误也!乃是外来佛教文化与中国民间古俗融合,文化互渗,形成的民俗节日。在南北朝时,中国南北方均盛行七月半过"盂兰盆节"。南方此俗见于南朝梁宗懔著《荆楚岁时记》:"七月十五日,僧尼道俗悉营盆供诸佛。"北方此俗见于北齐颜之推撰《颜氏家训》卷七《终制》:"若报罔极之德,霜露之悲,有时斋供,及七月半盂

[①] 天竺国语:即梵语Ullambana。

兰盆，望于汝也。"

七月十五的"中元节"一名，则是由土生土长的道教文化所衍生出来的。早在东汉末年，道教就有了天地水三官的说法，魏晋南北朝之后，道家又把三官与三元联系起来。道经以正月的望日为上元，七月望日为中元，十月望日为下元。这三元又分别是天官、地官、水官的诞辰，并逐渐形成了天官赐福的上元节、地官赦罪的中元节和水官解厄的下元节三个道教节日。相传七月十五这天，地官出巡人间，分辨善恶。天上的神灵们，也都要去地官中，查看人鬼劫数。所以那些饿鬼囚徒，在这一天也都聚集起来，从玉京山采摘花果异物，装饰幡幢宝盖，精心备办斋饭献给这些神灵。道士在这一天日夜诵读《老子》，那些囚徒饿鬼，就会因此得以解脱。否则，就难以救赎。《道藏经》认为，七月十五日，是太上老君和元始天尊会集福世界信行国土，在元寿观中大会说法，召十方天帝神仙真圣的日子。《修行记》称："七月中元，是大庆之月。"这个月如能够长斋并诵读《度人经》，就会福泽先人，修身成仙。这种说法与中国传统的孝道伦理合拍，较易引发道教信徒共鸣。唐代李氏王朝遵奉老子李耳为"圣祖"，道教的地位得到了空前的提升，道教的三元节俗也迅速在民间扎根。据唐郑处晦撰《明皇杂录》载："三元日，宣令崇元学士（尊崇道教的学士）讲《道德》《南华》等经，群公咸就观礼。"

曾经有相当长一段时间，七月十五的祀先、礼佛、敬道分别在俗、释、道三个领域内各自为政，传承着自己的节俗内容。南宋周密《武林旧事》卷三"中元"条便分别记录了三者的活

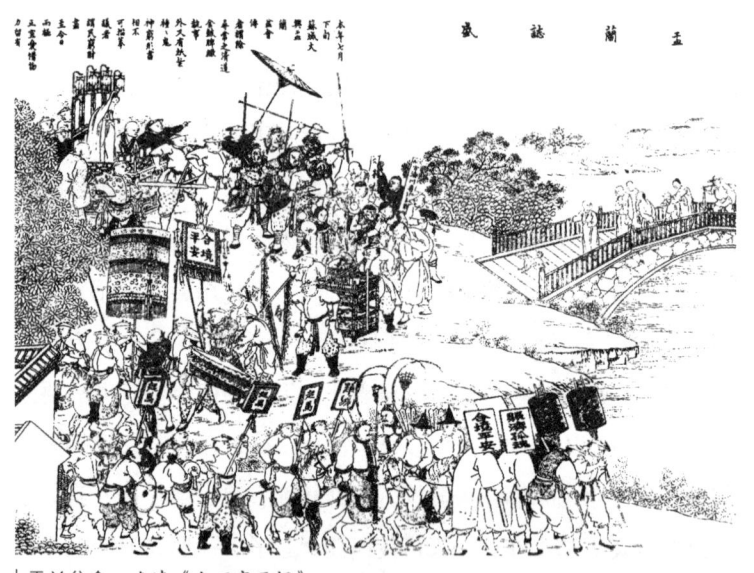

|盂兰盆会　晚清《点石斋画报》

动："七月十五日，道家谓之'中元节'，各有斋醮等会。僧寺则于此日作盂兰盆斋。而人家亦以此日祀先，例用新米、新酱、冥衣、时果、彩段、面棋，而茹素者几十八九，屠门为之罢市焉。"然而中华文化强大的同化力量，使得外来的佛教，经过与本土道教的碰撞磨合，逐渐完成了中国化的过程。两者都指向七月十五，使民间的七月半有了成为节日的重要时间节点。佛教的盂兰盆会和道教的斋醮等仪式活动又成了这一节日特有节俗的组成部分，同时又因为道教是土生土长的本土宗教，"中元"这一名词也更为民间接受，所以逐渐成为七月半这一节日通行的名称。佛教与道教在七月十五的仪式逐渐世俗化，与民间的祭祀风俗渐渐糅合在了一起。从此，中元节成为了一个以礼敬亡灵为中心、民俗事象多样性的祀先、解难、赦罪的重要节日。

二·中元节的习俗

祭先祖

中元节一如清明节，人无贫富，皆祭其祖先。祭先祖、焚烧纸钱及其他冥器的习俗，至迟在宋代，已蔚然成风。宋孟元老《东京梦华录》卷八"中元节"条载，北宋东京汴梁"七月十五日中元节。先数日，市井卖冥器、靴鞋、幞头、帽子、金犀假带、五彩衣服。以纸糊架子盘游出卖。潘楼并州东西瓦子亦如七夕。耍闹处亦卖果食、种生、花果之类，及印卖《尊胜目连经》。又以竹竿斫成三脚，高三五尺，上织灯窝之状，谓之盂兰盆，挂搭衣服冥钱在上焚之。"南宋陈元靓《岁时广记》卷三十引《岁时杂记》曰："律院[①]多依经教作盂兰盆斋。人家大率即享祭父母祖先，用瓜果、楝叶、生花、花盆、米食，略与七夕祭牛女同。又取麻谷长本者，维之几案四角。又以竹一本，分为四五足，中置竹圈，谓之盂兰盆，画目连尊者之像插其上。祭毕，加纸币焚之。"南宋洪迈撰《夷坚乙志》卷二十载："蜀人风俗重中元节，率以前两日祀先，列荤馔以供，及节日，则诣佛寺为盂兰盆斋。"为什么蜀人风俗要在中元节前两日祭祀祖先

---

① 律院：僧徒讲解戒律的房舍，泛称寺院。

呢？清宣统三年刊《成都通览》"成都之民情风俗"条载："初十日起，至十五日止，做盂兰会，烧袱子，俗名'祖宗过年'，又云'初十日开鬼门关，十五日收鬼门关。'"又"成都之迷信"条："七月十五日盂兰会。俗传七月初十日鬼门关开了，各家之死鬼均放归各家。十五日城隍出驾，名曰赏孤，又闭鬼门关矣。中元会节，自古有之。近传中元节为死鬼过年，故各庙均念经超度鬼魂，各署之房班差役亦集资念经，超度罪人。民间则无论贫富，均焚纸钱及纸锭。省城之钱纸铺，一年只望中元卖钱。计城内所费约需金钱一百余万，化为纸灰，可怪之至。"原来是因为七月十五关闭鬼门关，各家死鬼陆续返程，重回冥间，蜀人害怕这时烧的钱，祖先收不到！故四川一般从农历七月十日开始，各家早早制备"袱子"（即用纸钱一叠，外包白纸，成包袱状，上书祖先名讳）若干，富者多，贫者少。午间备办酒食，先敬祖宗，然后象征性地请祖先进食，晚间则焚烧"袱子"。敬祖的酒食应为素馔，民间传说祖考享用了荤腥则不能赴中元日冥间的"盂兰盆会"。七月十五日夜，还需烧散"纸钱"以赏无家可归的孤魂野鬼，谓之曰"赏孤"。清冯家吉《锦城竹枝词百咏·七月》咏其事曰："纸钱风起月昏黄，儿女庭前罗酒浆。自是金银魄力大，阴曹人世两心香。"

拜扫新坟

宋孟元老《东京梦华录》记中元节有拜新坟的风俗，即京师城外有新坟，七月十五这天都去拜扫。而皇宫亦出车马去道院谒坟，道院本院官回赠祠部度牒十道，并设超度大会，焚钱山，祭

| 超度孤魂　晚清《点石斋画报》

祀军队阵亡将士。另设孤魂野鬼道场，普度亡灵。清顾禄撰《清嘉录》记苏州新亡者之家，有的还要请僧人、道士诵经超度，至亲亦去拜灵位，谓之新七月半。清同治十年刻本《合江县志》载，四川合江县七月十三日，祭新亡人；十四日，祭祖先。

放焰口

焰口，饿鬼名，据佛经说，其形枯瘦，口吐火焰，故名。放焰口，原为佛教密宗的一种仪轨，是一种根据《佛说救拔焰口饿鬼陀罗尼经》而举行的施食饿鬼之法事。因佛弟子阿难于半夜三更见一饿鬼名焰口,谓阿难曰:"汝明日为我等百千饿鬼及诸婆罗门仙等各施一斛饮食,并为我供养三宝,汝得增寿,令我离于饿鬼之苦,得生天上。"所以该法会以饿鬼道众生为主要施食对象,对其设斋施食,为其超度,即施放焰口。亦是为死者追荐的佛事之一。放焰口,还是道教施食科仪的俗称。放焰口常常放在七月十五日举行,但也并不专限于此时,其他时间也可以进行,而且并不一定在道观里,在家里或别的什么地方也可以进行。清顾禄《清嘉录》记载,苏州中元节,"好事之徒,敛钱纠会,集僧众设坛礼忏诵经,摄孤判斛①,施放焰口。纸糊方相长丈余,纸锭②累数百万,香亭幡盖,击鼓鸣锣,杂以盂兰盆冥器之属,于街头城隅焚化,名曰'盂兰盆会'。"清潘荣陛《帝京岁时纪胜》记北京中元节,"庵观寺院,设盂兰会,传为目连僧救母日也。街巷搭苫高台,鬼王棚座,看演经文,施放焰口,以济孤魂。锦纸扎糊法船,长至七八十尺者,临池焚化"。清道光十七年刊四川《德阳县新志》:"七月十五日为'盂兰会'。释子施'盂兰盆'为铁围城血河之像,使男妇礼佛者合掌唱佛偈,绕行其中,谓之破铁城血盆。夜则折矾纸作莲花式数十百,置炬其中,顺流漂荡,谓之'放河灯'。设高座施食寒林③诸鬼,谓之'放焰口'。"

直至民国年间,四川很多乡镇都有七月半"放焰口"的习

---

① 摄孤判斛:指摄召孤魂野鬼,判放萨祖铁罐斛食。
② 纸锭:锭,音qiǎng;纸锭,指纸钱。
③ 寒林:在佛经中是陈尸地,在目连戏中却成了孤魂野鬼的总头领。因为是名字,有的抄本又写作"韩林"。

俗。例如：民国二十一年刊《渠县志》载，中元节"各乡镇延请僧道超荐境内无祀鬼魂，并施食以飨之，名曰'放焰口'。"民国二十年刊《三台县志》："十五日为'中元'，祀祖先，谓之'鬼节'。向晚，人家皆于大门外化纸招魂，浮屠氏则于庵寺作'盂兰会'，以荐无祀之鬼。夜或设坛。各街市以面饼为鬼食，遍抛地上，儿童争拾之。"这种施鬼食的方式，同古代出丧一样。李劼人先生说："古人出丧时，除用一具纸扎大鬼叫方相的导于前外，还要用米麦粉做成一些鬼头模样的东西，撒于道上，与方相作用一样，谓能避邪。这就叫魃头，使人捡食之。"至今尚流行的成都方言"捡欺（魃）头""吃欺（魃）头"，即源于此。

放河灯

放河灯，也是民间中元节的一个重要民俗事象。明代刘侗、于奕正著《帝京景物略》卷二曰："（七月）十五日，诸寺建盂兰盆会，夜于水次放灯，曰'放河灯'。"明吕毖辑《明宫史》火集"七月"："十五日'中元'，甜食房进供佛波罗蜜；西苑做法事，放河灯；京都寺院咸做盂兰盆追荐道场，亦放河灯于临河去处也。"明代李中馥撰《原李耳载》卷下有太原百姓中元节在汾河中放河灯的记载。书中讲到太原县田村[①]有一名叫郭希贵的农民被水所溺，七天后才从河底挣扎上岸，数日后渐渐苏醒，自言"初塌河时，为人拽入一堂，类见官者。寻复拽出，见金光

---

① 田村：位于今太原市晋源区。

万道，空际布满，须臾，米饭堆积，众蜂拥争食。"家人告诉他那天正是七月十五中元节，洛阳村的人们正在河面上放河灯、撒花米呢。今天我们无须考证这件事的真伪，但至少说明当时太原人有在汾河上放河灯，同时还往水中撒食物祭祀亡灵的习俗。明冯应京《月令广义》："南国风俗，中元夜家户各具羹饭斋供，罗于门外或垌衢（jiōng qú，郊野大路边）之处，祝祀伤亡野鬼，毕，随捧水灯三十六，向流水泛去，名曰'度孤'，谓无祀亡魂三十六类。灯，纸灯也。"

清潘荣陛著《帝京岁时纪胜·中元》："每岁中元建盂兰道场，自十三日至十五日放河灯，使小内监持荷叶燃烛其中，罗列两岸，以数千计。又用琉璃作荷花灯数千盏，随波上下。中流驾龙舟，奏梵乐，作禅诵，自瀛台南过金鳌玉蝀桥，绕万岁山至五龙亭而回。河汉微凉，秋蟾正洁，至今传为胜事。都中小儿亦于是夕执长柄荷叶，燃烛于内，青光荧荧，如燐火然。又以青蒿缚香烬数百，燃为星星灯。镂瓜皮，掏莲蓬，俱可为灯，各具一质。结伴呼群，遨游于天街经坛灯月之下，名斗灯会，更尽乃归。"清富察敦崇著《燕京岁时记·放河灯》："运河二闸，自端阳以后游人甚多。至中元日例有盂兰会，扮演秧歌、狮子诸杂技。晚间沿河燃灯，谓之放河灯。中元以后，则游船歇业矣。"清顾禄《清嘉录》称苏州中元节"或剪红纸灯，状莲花，焚于郊原水次者，名曰水旱灯，谓照幽冥之苦。"又注引江、震《志》皆云："中元夜，沿河放灯，谓之照冥。"

清嘉庆二十一年刊《华阳县志》记成都中元风俗："（七月）十五日，俗谓之'七月半'。人家荐时物祀先毕，以纸封

寓钱焚于庭，谓之'烧袱子'。都人士舁城隍神像出北郭墦间祭孤，如'清明日'。浮屠作'盂兰会'散斋，夜放河灯。"

中元节放河灯目的何在？潘荣陛著《帝京岁时纪胜》说："点燃河灯，谓以慈航普渡。"《清嘉录》谓"照幽冥之苦"。现代女作家萧红《呼兰河传》第二章以生动的文字描写了早年的东北平原中元节放河灯的风俗，她对其目的，另有一番解说："七月十五是个鬼节，死了的冤魂怨鬼，不得脱生，缠绵在地狱里边是非常苦的，想脱生，又找不着路。这一天若是每个鬼托着一个河灯，就可得以脱生。大概从阴间到阳间的这一条路，非常之黑，若没有灯是看不见路的。所以放河灯这件事情是件善事。可见活着的正人君子们，对着那些已死的冤魂怨鬼还没有忘记。"

中秋节

中秋月色随处好

今夜月明人尽望,不知秋思在谁家。
——唐·王建《中秋夜望月寄杜郎中》

八月十五夜,月色随处好。
——宋·苏轼《催试官考较戏作》

一年明月最圆夜,千里故人长别心。
——宋·李新《中秋夜宿穆陵关》

如果说七夕节源于先民的拜星习俗，中秋则是与古人赏月习俗一脉相承。因此，我们可以说，七夕是星星节，中秋便是月亮节。七夕有牛郎织女的传说，中秋则有嫦娥奔月的神话。嫦娥奔月，耳熟能详，本章不打算再做考证，只谈中秋节的民俗事象，即古人是怎么过中秋的。

一·中国人过中秋节的历史

中秋节赏月，由来已久。南北朝时期，人们就有了赏月的习俗。为什么人们要选择在八月十五赏月呢？秋天本来是不冷不热的季节，而八月十五又当秋季的中间，天高气爽，气候宜人。这一天太阳光线差不多是直射到月亮朝地球的一面，因而月亮看起来又圆又亮。大约因为这些缘故，人们便选择在八月十五赏月。从唐代写中秋的诗歌看，主要在于赏月，殷文圭《八月十五日夜》："万里无云镜九州，最团圆夜是中秋。"徐凝《八月十五夜》："皎皎秋空八月圆，嫦娥端正桂枝鲜。一年无似如今夜，十二峰前看不眠。"

另外，由于中秋月亮又圆又亮，人们在赏月中自然会联想到家人团聚。在商旅宦游极盛的唐代，产生了八月十五要全家团聚的习俗观念。白居易《八月十五日夜湓亭望月》："昔年八月十五夜，曲江池畔杏园（一作林）边。今年八月十五夜，湓浦沙头水馆前。西北望乡何处是，东南见月几回圆。临风一叹无人会，今夜清光似往年。"王建《十五夜望月寄杜郎中》："中庭地白树栖鸦，冷露无声湿桂花。今夜月明人尽望，不知秋思在（一作落）谁家。"这些诗都表现了盼团圆的心情。至于中秋全家吃团圆饭，吃月饼等习俗，唐代尚无记载。唐欧阳询撰《艺文

| 宋·刘宗古《瑶台玩月图》

类聚·岁时部》列叙的岁时节日有：元正、人日、正月十五、月晦、寒食、三月三、五月五、七月七、七月十五、九月九。就是没有八月十五中秋这个节日。

中秋之成为节日在宋代，其证明文献有：

宋孟元老《东京梦华录》卷八"中秋"条记北宋东京开封过中秋节的情景："中秋节前，诸店皆卖新酒，重新结络门面彩楼，花头画竿，醉仙锦斾。市人争饮，至午未间，家家无酒，拽下望子。是时螯蟹新出，石榴、榅勃①、梨、枣、栗、芧萄（葡萄）、弄色枨橘，皆新上市。中秋夜，贵家结饰台榭，民间争占酒楼玩月。丝篁鼎沸，近内庭居民，夜深遥闻笙竽之声，宛若云

---

① 榅勃：又名木李、楔榰。

外。闾里儿童,连宵嬉戏。夜市骈阗,至于通晓。"

宋金盈之撰《醉翁谈录》卷四《京城风俗记》"八月"条记汴梁中秋节:"中秋,京师赏月之会,异于他郡。倾城人家子女,不以贫富,自能行至十二三,皆以成人之服服饰之,登楼或于中庭焚香拜月。各有所期:男则愿早步蟾宫,高攀仙桂,所以当时赋词者,有'时人莫讶登科早,只为常娥爱少年'之句;女则淡伫妆饰,则愿貌似常娥,圆如皓月。""旧传是夜月色明朗,则兔弄影而孕,生子必多,海滨老蚌吐纳月影,则多产明珠,比明年采珠捕兔者,卜此夕为验。"

南宋吴自牧著《梦粱录》卷四"中秋"条记南宋都城临安过中秋节的情景:"八月十五日中秋节,此日三秋恰半,故谓之'中秋'。此夜月色倍明于常时,又谓之'月夕'。此际金风荐爽,玉露生凉,丹桂香飘,银蟾光满,王孙公子,富家巨室,莫不登危楼,临轩玩月,或开广榭,玳筵罗列,琴瑟铿锵,酌酒高歌,恣以竟夕之欢。至如铺席之家,亦登小小月台,安排家宴,团圞子女,以酬佳节。虽陋巷贫窭之人,解衣市酒,勉强迎欢,不肯虚度。此夜天街卖买,直至五鼓,玩月游人,婆娑于市,至晓不绝。盖金吾不禁故也。"

南宋周密著《武林旧事》卷三"中秋"条同样记南宋临安过中秋节说:"禁中是夕有赏月延桂排当,如倚桂阁、秋晖堂、碧岑,皆临时取旨,夜深天乐直彻人间。御街如绒线、蜜煎、香铺,皆铺设货物,夸多竞好,谓之'歇眼'。灯烛华灿,竟夕乃止。此夕浙江放'一点红'羊皮小水灯数十万盏,浮满水面,烂如繁星,有足观者。或谓此乃江神所喜,非徒事观美也。"纵观

十五夜望月　　（明）黄凤池辑《唐诗画谱》

以上记载，宋代中秋节的内容主要为玩月、拜月、吃团圆饭、放水灯、占卜丰收共五条，玩月古已有之，后四条算新增的习俗。

尽管南宋周密在《武林旧事》卷六里，提到各种蒸食的糕饼中，赫然就有"月饼"在列，但是否作为中秋的节物，便不得而知。元代不见中秋吃月饼的记载，元诗不乏中秋赏月玩月的歌咏，就是找不到中秋吃月饼的句子。

元明间人陶宗仪《元氏掖庭记》载：己酉（1309年）仲秋之夜，元武宗与诸嫔妃泛舟于禁苑太液池中。"当其月丽中天，彩云四合，帝乃开宴张乐，荐蜻翅之脯，进秋风之鲙，酌玄霜之酒，啖华月之糕。令宫女披罗曳縠，前为八展舞，歌《贺新凉》一曲。"

所谓"啖华月之糕"，指的可能是吃月饼，可惜文字太简，透露的信息也不多。

明人田汝成在《西湖游览志余》卷二十《熙朝乐事》说："八月十五日谓之中秋，民间以月饼相遗，取团圆之义。是夕，人家有赏月之燕，或携榼①湖船，沿游彻晓。苏堤之上，联袂踏歌，无异白日。"可以确定明朝时，人们以月饼为中秋应节之食物了。而且也说明了在中秋节这天吃月饼，有以圆如满月的月饼来象征月圆和团圆的意义。

《明史·礼志六》"奉先殿"条载："嘉靖十四年定内殿之祭并礼仪。立春、元宵、四月八日、端阳、中秋、重阳、十二月八日，皆有祭，用时食。"说明明代中秋节已成为一个法定的岁时节日。

---

① 榼：音kē，酒器。

二·中秋节的民俗事象

明、清以来,中秋节大致定型,其内容有这样几项:

庆丰收,迎神赛会

中秋节对农民而言是个重大的日子,眼看一年的辛劳有了收获,总得对土地神和暗中保护他们的祖先表示一番谢意,再加上八月十五日又是土地神的生日,故在这天庆丰收和举行迎神赛会。汉班固撰《白虎通义》卷三《社稷》引《援神契》曰:"仲春祈谷,仲秋获禾,报社祭稷。"祭社稷的祭品,为牛羊豕,即为太牢。祭礼为何如此厚重?因为"重功故也",因为社神稷神[①]让农民种的庄稼获得丰收,功劳太大了,必须厚重报答二神的恩惠!宋孟元老《东京梦华录·秋社》:"八月秋社,各以社糕、社酒相赍(jī)送。贵戚宫院以猪羊肉、腰子、奶房、肚肺、鸭饼、瓜姜之属,切作棋子片样,滋味调和,铺于饭上,谓之'社饭',请客供养。人家妇女皆归外家,晚归,即外公姨舅皆以新葫芦儿、枣儿为遗,俗云宜良外甥。市学先生预敛诸生

---

① 稷神:谷神。

钱作社会，以致雇倩①、祗应②、白席③、歌唱之人。归时各携花篮、果实、食物、社糕而散。春社、重午、重九，亦是如此。"明冯应京《月令广义·八月令·社饭》："江南尚祀社稷，祭必以美饭。江北俗不祭社，惟山东有献谷之典。秋社，各里长就本乡稷米造饭，每里持一盏（盆）饭诣县伺官祭社，并验之。祭毕，并各里饭施养济院（唐宋以来，地方政府设置的专门救济老疾孤寡、贫乏不能自存者及丐者的机构。明代，每县设养济院一所，收养贫民）。"

在广东省东莞县一带，各家从中午就开始祭祀祖先和土地神了，但其他地方（如台湾），大都在傍晚，以三牲④、年饼⑤和米粉芋⑥来祭谢土地神，这是承袭古代"秋报"的谢神仪式。像福建省平和县，在中秋这天，人们扮演杂剧以娱土地神，龙岩县各乡则用灯扎成假人，列队游行以迎土地神。

祭月、拜月、看月华、走月亮

祭月、拜月是从玩月、赏月发展而来的民间信仰仪式，都是在晚饭后月亮升上天空后进行的，而且是以妇女为主，民间有"男不拜月，女不祭灶"的说法。祭拜的对象是月神——也称太

---

① 雇倩：出钱雇请。
② 祗应：供奉当差。
③ 白席，出自宋孟元老《东京梦华录》卷四"筵会假赁"条："凡民间吉凶筵会，……以至托盘下请书，安排坐次，尊前执事，歌说劝酒，谓之白席人。"
④ 三牲：指牛、猪、羊。
⑤ 年饼：指菜馅之饼，又称润饼。
⑥ 米粉芋：指加入芋头煮成的米粉汤。

阴星主、月姑或月宫姑娘。南方的大部分地区，如四川、江苏等祭月时，只是遥向空中拜月，南方也有地方，如像广东潮安县祭拜一位凤冠霞帔的木雕女神像；北方大多数地方，尤其是北京则张挂木刻版印的"月光神祃"，也叫"月光纸"。

据明人刘侗、于奕正著《帝京景物略》卷二《城东内外·春场》说："八月十五日祭月，其祭果饼必圆，分瓜必牙，错瓣刻之如莲华。纸肆市月光纸，缋（绘）满月像，趺坐莲花者，月光遍照菩萨也；华下月轮桂殿，有兔杵而人立，捣药臼中。纸小者三寸，大者丈，致工者金碧缤纷。家设月光位，于月所出方，向月供而拜，则焚月光纸，撤所供，散家之人必遍。月饼月果，戚属馈相报，饼有径二尺者。女归宁，是日必返其夫家，曰团圆节也。"

明冯应京《月令广义》："南北风俗，中秋夜，士女出游，名'踏八步'，以却疾。又渡桥，为之'过运'。宴饮通宵。"

明代江南赏月之风特甚。明冯应京《月令广义》："苏州人俗，中秋骈集虎丘，酣歌达旦，红粉杂糅，一年胜事之

｜拜月　清光绪二十一年刊《绘图缀白裘·幽闺记·拜月》插图

最。"尤其深更半夜看"月华",为民间津津乐道之事。何谓"月华"？明冯应京《月令广义》："月之有华,未考群书所自,而今人岁岁见之。常出于中秋夜次,或十四、十六,又或见于十三、十七、十八夜。月华之状,如锦云捧珠,五色鲜荧,磊落匝月如刺绣,无异花盛之时。其月如金盆枯赤而光彩不朗,移时始散。盖常见之而非异瑞。小说误以月晕为华,盖未见也。"

清富察敦崇撰《燕京岁时记》"中秋"条："京师之曰八月节者,即中秋也。每届中秋,府第朱门皆以月饼果品相馈赠。至十五月圆时,陈瓜果于庭以供月,并祀以毛豆、鸡冠花。是时也,皓魄当空,彩云初散,传杯洗盏,儿女喧哗,真所谓佳节也。惟供月时男子多不叩拜。故京师谚曰：'男不拜月,女不祭灶。'"又"月光马儿"条："京师谓神像为神马儿,不敢斥言神也。月光马者,以纸为之,上绘太阴星君,如菩萨像,下绘月宫及捣药之玉兔,人立而执杵。藻彩精致,金碧辉煌,市肆间多卖之者。长者七八尺,短者二三尺,顶有二旗,作红绿色,或黄色,向月而供之。焚香行礼,祭毕与千张、元宝等一并焚之。"

清顾禄撰《清嘉录》卷八"八月半"条："中秋俗呼八月半,是夕,人家各有宴会,以酬佳节。人又以此夜之晴雨,占次年元宵阴晴。谚云：'八月十五云遮月,来岁元宵雨打灯。'又云：'雨打上元灯,云罩中秋月。'"又"斋月宫"条："比户瓶花香蜡,望空顶礼,小儿女膜拜月下,嬉戏灯前,谓之斋月宫。"苏州拜月不同于北京,"吴俗不设月宫符像,向空展拜而已。"又"走月亮"条："妇女盛妆出游,互相往还,或随喜尼庵,鸡声喔喔,犹婆娑月下,谓之走月亮。蔡云《吴歈》云：

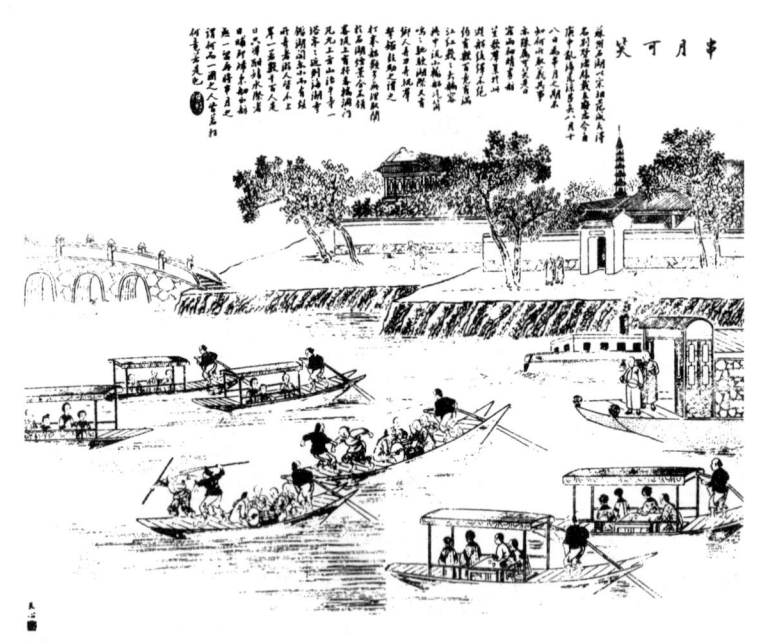

串月　晚清《点石斋画报》

'木樨球压鬓丝香，两两三三姊妹行。行冷不嫌罗袖薄，路遥翻恨绣裙长。'"

吃月饼

从元明以来，中秋节最典型的习俗，就是吃月饼，月圆、饼圆、全家团圆，希望万事圆满。八月十五，吃月饼，送月饼，南北同俗。明冯应京《月令广义》"月饼"条："燕都士庶，馈送月饼巧名异状。北方中秋馈遗月饼、西瓜之属，名'看月会'。"明吕毖辑《明宫史》火集《饮食好尚·八月》："自

初一日起,即有卖月饼者。加以西瓜、藕,互相馈送。西苑躧(xǐ)藕。至十五日,家家供月饼瓜果,候月上焚香后,即大肆饮啖,多竟夜始散席者。如有剩月饼,仍整收于干燥风凉之处,至岁暮合家分用之,曰'团圆饼'也。"

清富察敦崇撰《燕京岁时记》"月饼"条:"中秋月饼以前门致美斋者为京都第一,他处不足食也。至供月月饼到处皆有。大者尺余,上绘月宫蟾兔之形。有祭毕而食者,有留至除夕而食者,谓之'团圆饼'。"

清顾禄《清嘉录》卷八"月饼"条记苏州:"人家馈贻月饼,为中秋节物。十五夜,则偕瓜果,以供祭月筵前。祁启萼《月饼》诗云:'中秋节物未为低,火燘[①]罗罗出釜齐。一样饼师新制得,佳名先向月中题。'"

玩兔儿爷

北京人称月中玉兔为兔儿爷,泥塑的兔儿爷摊子,是旧时中秋节的一景。既然月亮里的兔子没法捉来把玩,人们便自己用泥巴做些兔儿爷来哄小孩子玩玩算了。

兔儿爷是用模子翻塑出来的,先把黏土和纸浆拌匀了做材料,填入分成正面和背面两个半身的模子里。等材料干了倒出来,再把前后两片粘在一起,配上耳朵,而后在身上刷层胶水,再上色描金。

清富察敦崇《燕京岁时记·中秋》"兔儿爷摊子"条:"每

---

① 燘:音hàn,以火烘干。同"暵"。

届中秋，市人之巧者用黄土抟成蟾兔之像以出售，谓之兔儿爷。有衣冠而张盖者，有甲胄而带纛①旗者，有骑虎者，有默坐者。大者三尺，小者尺余。其余匠艺工人无美不备，盖亦谑而虐矣。"

清徐珂《清稗类钞·时令类》"中秋泥塑兔神"条："中秋日，京师以泥塑兔神，兔面人身，面贴金泥，身施彩绘，巨者高三四尺，值近万钱。贵家巨室多购归，以香花饼果供养之，禁中亦然。"兔儿爷大的有三尺多高，最小的只有三寸大小，无论大小，都是粉白的嫩脸，戴着金盔，身披战袍，描绘得十分精致。兔儿爷左手托着个小小的臼，右手拿个小小的杵，背上还插着纸伞或小旗。它的坐骑有狮子、老虎、梅花鹿或骆驼，也有坐在莲花宝座上的，真是威风凛凛，神气十足。

兔儿爷摊子从八月初摆出来，一直卖到中秋节的夜晚，过了中秋节，就没有人再玩它了。

听香

昔日台湾中秋夜，有从无意间听到的声音来预测未来吉凶的习俗，俗称"听香"。

听香是由妇女在家中所供奉的神像前，点香祷告，表明所欲卜测的事情或问财运，或问子息，或探丈夫归期……在请示过出门前行的方向后（亦有静立院中听香的），便拈香出门了。

凡在路上听到的谈话歌唱，都可以借以卜测所问之事，就地

---

① 纛：音dào，军中的大旗。

用杯珓问神是否即此答案，不是的话，继续前行，直到得到所示可的答案为止。

其实"听香"可能是"听响"的讹音，在北宋就有"听响卜"的习俗，见北宋人曾敏行《独醒杂志》卷九和南宋朱弁《曲洧旧闻》卷九。"听响卜"也叫"听口彩"。

在台湾，未婚少女还有在中秋偷别人菜园中所种蔬菜的习俗，无论偷得别人菜园中的蔬菜还是葱，都表示她即将遇到如意郎君。因此，流传着"偷着葱，嫁好尪①；偷着菜，嫁好婿"的谚语。

---

① 尪：音wāng，在闽南方言中指丈夫。

三·成都过中秋节的习俗

清宣统三年傅崇矩编印的《成都通览》"成都之民情风俗"条记八月中秋节的活动有："收账、开账、买月饼、敬月光、买麻饼、小孩耍满天星、买牛肉、送节礼、买果木[①]。"择其要者，有如下数项：

敬月光

成都人称祀月为"敬月光"。民间传说八月十五夜为月光菩萨生日，家家市饼饵水果，亲友以瓜饼相遗，夜于庭中陈月饼及梨、石榴诸果品以拜月，或约友朋吟饮，谓之"赏月"。清嘉庆二十年刊《温江县志》："八月十五日为'中秋节'。邑人皆以月饼相馈遗。夜分，洗盘盛饼祭月，开宴赏玩，并有彻夜不眠者，谓之'看月华'。"成都中秋节前后数日，各街坊办"月光会"，合资演皮影戏酬神。据说，金堂县月光会，约有十日之热闹。

---

① 果木：多为核桃、柿子、石榴、板栗、梨子、佛手等。

吃月饼

清末民初,成都各点心铺中秋月饼名目繁多,价目不一,包心种类亦多:洗沙心、冰桔心、玫瑰心、枣泥心、干菜心、冰糖心、椒盐心、桂圆肉心、瓜肉心、葡萄心、樱桃心、火腿心。周询著《芙蓉话旧录》:"月饼每枚二十文,加厚者价倍之,俗呼'礅子'。"当时成都市的点心铺以总府街淡香斋为第一,淡香斋月饼价格也较贵,如:桂圆月饼八头三百二十八文、山楂月饼八头三百二十八文、洗沙月饼八头九十六文、椒盐月饼八头九十六文、玫瑰月饼八头九十六文、冰糖月饼八头九十六文,等等。

送瓜求子

清嘉庆二十一年刊《华阳县志》:"八月十五日'中秋',制月饼相馈遗。夜分,妇女陈瓜果,祀月于中庭。好事者潜摘园瓜,以鼓乐奉遗亲友,谓之'送瓜',为诞子兆。"民国二十三年刊《华阳县志》亦云:"八月十五日为'中秋节'。夜于庭中陈月饼及梨、石榴诸果品以拜月,或约友朋吟饮,谓之'赏月'。好事者潜摘园瓜,鼓乐馈遗艰于子嗣者,曰'送瓜',为宜男之兆。"清光绪十二年刊《增修灌县志》:"八月十五日为'中秋节'。晚间祀月,相望月华。亲友以果饼相馈,间有取人南瓜,用鼓乐彩红送亲友家,以为能得子者。"清杨燮(六对山人)作《锦城竹枝词》:"十分月圆正清华,桂子丛生金粟花。爆竹声销余露气,尚闻鼓吹送秋瓜。"

小孩耍"满天星"

成都中秋夜,儿童以神香满插气柑①而舞,名曰"流星香球",或曰耍"满天星"。清末民初成都举人冯家吉撰《锦城竹枝词百咏》"八月"条:"一轮明月又中天,桂子香飘落绮筵。借问'蓉城'诸佛子,可能参到木樨禅?""茶半温时酒半酣,家人夜饮作清谈。儿童月饼才分得,又插香球舞气柑。"

赏桂花

八月丹桂飘香,中秋赏桂,以桂花点茶酒,设宴玩月,为文人雅事。清末民初人庆余撰《成都月市竹枝词二十四首》之《桂市二首》:"良宵三五俗情删,喜听笙歌满市阛。无数桂花香月夜,却疑蟾宫在人间。""桂子秋风正及时,幽香开放隔年期。而今莫问登科事,休向蟾宫乱折枝。"

清光绪四年刊《蒲江县志》:"八月'中秋',民间收获正忙,惟士大夫家具糕饼、酒肴玩月。"因此,过去四川流行这么一首歌谣:"八月十五月正圆,不读诗书苦耕田,有事求人多受气,何不当初读几年。""不读诗书苦耕田"的岁月已经流逝,而今城乡一体化,有的农民搬进高楼,也有时间好好过上一个中秋节了。

---

① 气柑:柚子的别称。

金菊寒花满院香

重阳节

茱萸秋节佳期阻,金菊寒花满院香。
——唐·薛涛《九日遇雨二首》之一

菊花辟恶酒,汤饼茱萸香。
——唐·李颀《九月九日刘十八东堂集》

江边枫落菊花黄,少长登高一望乡。
——唐·崔国辅《九日》

秋风劲，菊花黄。岁岁重阳，今又重阳。

农历每年九月初九日为「重阳节」。三国时魏文帝曹丕《与钟繇九日送菊书》说：「岁往月来，忽复九月九日。九为阳数，而日月并应。俗嘉其名，以为宜于长久，故以享宴高会。」可知俗重「重阳」的原因在于九月九日，日月并阳，两阳相重，故名「重阳」。

重阳节大概萌芽于汉代。据汉刘歆著、东晋葛洪辑抄的《西京杂记》卷三载：「戚夫人侍儿贾佩兰称说，她在汉宫内时，「九月九日，佩茱萸，食蓬饵，饮菊花酒，令人长寿。」可见重阳节渊源有自，其俗甚古。魏晋南北朝时，歌咏「重九」的诗篇甚多，陶渊明《九日闲居》诗序就说：「余闲居，爱重九之名，秋菊盈园，而持醪靡由，空服九华，寄怀于言。」南朝梁庾肩吾《九日侍宴乐游苑应令诗》：「献寿重阳节，回銮上苑中。」可见，南朝时重阳节已正式成为官方认可的三秋节令。

魏晋以来，重阳节习俗，主要有登高、插茱萸、赏菊、食糕等民俗活动。

登高

重阳登高，出自一则神奇的传说。南朝梁宗懔《荆楚岁时记》："九月九日，四民并籍野饮宴。"注引南朝梁吴均《续齐谐记》云："汝南桓景随费长房游学。长房谓之曰：'九月九日，汝南当有大灾厄①，急令家人缝囊盛茱萸系臂上，登山饮菊花酒，此祸可消。'景如言，举家登山夕还，见鸡犬牛羊一时暴死。长房闻之曰：'此可代也。'"《荆楚岁时记》的注者之一隋朝杜公瞻说："今世人九日登高饮酒，妇人带茱萸囊，盖始于此。"

《续齐谐记》的这则传说，实际上解释了重阳节登高、佩茱萸、饮菊花酒三项民俗活动的来源。此处，先讨论重阳登高一项。费长房，东汉汝南人，曾为市掾②。从壶公学道不成，持符而归。相传能医疗众病，鞭笞百鬼，又善变化捉妖，一日之间，人见其在千里之外者数处。后失其符，为众鬼所杀。事见《后汉书》卷八十二《方术列传下·费长房传》。附会在费长房名下的

---

① 厄：音è，灾难。
② 市掾：市的属官。

这则传说，说明东汉已有重九登高免灾之俗。重九，今人看来谐"久久"之音，是个吉祥日子。为什么古人认为重九有灾厄呢？原来在中国人的观念里，一三五七九为阳，二四六八为阴；九为阳数之极，也称作老阳。由一数至九，就到了尽头而又得回归一，所以清人俞樾《茶香室续钞》卷七"逢九为灾年"条说："九为老阳，阳极必变。"而"九"在卦卜数术中，是代表由盈而亏，由盛转衰的不吉数字。清人董含《蓴乡赘笔》："今人逢九，云是年必多灾殃。"而九九更是大大不吉，必定有灾厄降临，这就是《续齐谐记》这则传说的背景。

为什么登高可以避灾厄呢？《礼记·月令》说，仲夏五月"日长至，阴阳争，死生分"。即，是月乃阳气极盛，阴气欲起，阴阳相争，生死判分之时。因此，"可以居高明，可以远眺

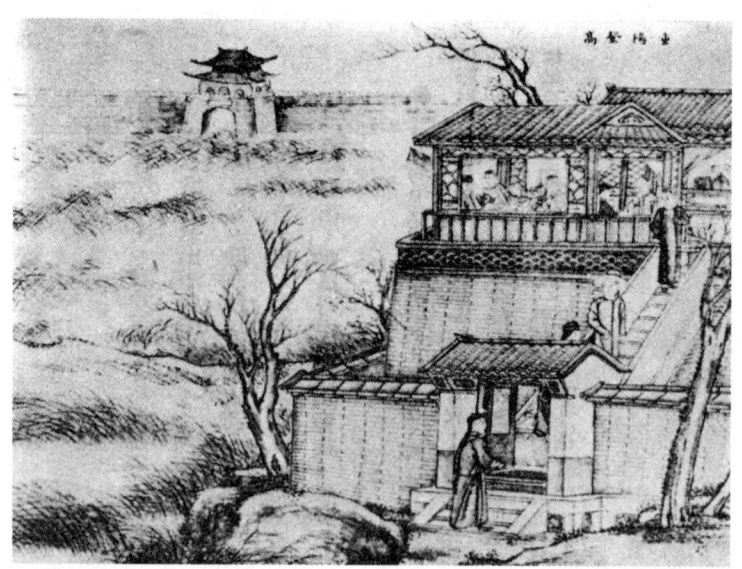

| 重阳登高　　［日］青木正儿、内田道夫编《北京风俗图》

望，可以升山陵，可以处台榭"。因为高为阳，低为阴；明为阳，暗为阴。居高明，升山陵，处台榭，"顺阳气在上也"（郑玄注），则收祓襫、净化、避灾的功效。

其实，今天从科学角度分析，九月秋高气爽，登高远眺，也是一项有益于身心健康的户外运动，自然可以祛病免灾。

魏晋南北朝重九登高既有登山，又有登台榭、高馆。如东晋孟嘉登龙山，南朝宋武帝刘裕游项羽戏马台，南齐高祖九月九日登商飙（biāo）馆。

隋朝以来登高一般只在高处即可，登山之举越来越少。隋杜公瞻注《荆楚岁时记》九月九日条曰："近代多宴设于台榭。"宋孟元老《东京梦华录》记北宋开封重阳节，都人多出郊外登高，如仓王庙、四里桥、愁台、梁王城、砚台、毛驼冈、独乐冈等处宴聚。清代富察敦崇《燕京岁时记》说，"京师谓重阳为九月九。每届九月九日，则都人士提壶携榼，出郭登高。南则在天宁寺、陶然亭、龙爪槐等处，北则蓟门烟树、清净化城等处，远则西山八刹等处。赋诗饮酒，烤肉分糕，洵一时之快事也。"清顾禄撰《清嘉录》记苏州重阳节，"登高，旧俗在吴山治平寺中，牵羊赌彩，为摊钱之戏。今吴山顶机王殿，犹有鼓乐酬神，喧阗日夕者。或借登高之名，遨游虎阜，箫鼓画船，更深乃返"。傅崇矩编《成都通览》记清末成都人"九月初九日，重阳，登高，到望江楼或城内之鼓楼蒸酒"。但是居住在平原地区的人们无处登高，只有携酒平原快饮。清嘉庆二十年刊《温江县志》就记载："九月九日为'重阳节'。邑无高山大阜可供登眺，豪兴者第携酒平原快饮而已。"

插茱萸

茱萸主要有二种：一种是芸香科的食茱萸，其中一类产于吴地，质量最好，因而名叫吴茱萸；另一种是山茱萸科的山茱萸。吴茱萸果实为裂果，红色，味辛香，供食用，又名"榄（dǎng）子"，种子黑色。山茱萸，果核红色，甘酸，果肉供药用，不供食用。

古代民俗相传，茱萸不但具治寒驱毒的药效，而且有增年益寿、辟邪去灾的功能。北魏贾思勰著《齐民要术》卷四《种茱萸》引《淮南万毕术》曰："井上宜种茱萸；茱萸叶落井中，饮此水者，无瘟病。"又曰："悬茱萸子于屋内，鬼畏不入也。"引《杂五行书》曰："舍东种白杨、茱萸三根，增年益寿，除患害也。"

晋周处《风土记》曰："俗尚九月九日，谓之上九。茱萸到此日成熟，气烈色赤，争折其房以插头，云辟除恶气而御初寒。"重阳成熟的茱萸具有如此神奇的驱邪效用，人们自然会对它另眼相看，将茱萸称作"辟邪翁"。

在重阳节这天，人们用茱萸来驱邪求吉，常有插茱萸、佩茱萸、看茱萸、嗅茱萸、饮茱萸酒等习俗。

插茱萸。即将茱萸插在鬓发上。清康熙时人陈淏子辑《花镜》卷三《花木类考·茱萸》称："九月九日，折茱萸戴首，可辟恶气，除鬼魅。"这应是很古老的信仰民俗。唐王维《九月九日忆山东兄弟》："独在异乡为异客，每逢佳节倍思亲。遥知兄弟登高处，遍插茱萸少一人。"唐李白《宣城九日》诗："九日茱萸熟，插鬓伤早白。"宋苏辙《九日三首》："茱萸谩辟恶，曲糵助和脾。"宋朱熹《水调歌头》："尘世难逢一笑，况有紫

萸黄菊，堪插满头归。"宋无名氏《失调名》："手撚茱萸簪髻，一枝聊记重阳。"宋元以后，插茱萸的习俗逐渐稀少。

佩茱萸。即用红色的布囊盛茱萸的茎、叶或籽，系在手臂上。《西京杂记》说贾佩兰于九月九日佩茱萸，《续齐谐记》载"作绛囊，盛茱萸以系臂"。南宋严有翼《艺苑雌黄》："九月九日作绛囊，佩茱萸。或谓其事始于桓景。"桓景见前引《续齐谐记》，佩茱萸之俗，可能始于六朝时期。唐孙棨撰《北里志》云："九月九日，为丝茱萸囊，戴之。"唐宋诗词中也有佩戴茱萸的佳句，如唐孟浩然《九日得新字》："茱萸正可佩，折取寄情亲。"宋郭子正《失调名》词："清晓开庭，茱萸初佩。"宋张仲殊《失调名》词："戏马风流，佩茱萸时节。"佩戴茱萸也传至后世，如清道光九年刊四川《新津县志》："九月九日登高，佩茱萸囊，饮黄花酒。"清嘉庆二十一年刊四川《犍为县志》："九月'重阳'，饮黄花酒，佩茱萸以登高。"

看茱萸、嗅茱萸，即观赏茱萸。唐杜甫曾于九月九日寓蓝田崔氏庄，与故人同饮，醉玩茱萸，不能释手。有诗曰："明年此会知谁健？醉把茱萸仔细看。"（杜甫：《九月九日蓝田崔氏庄》）宋无名氏《失调名》词："插黄花、对尊前，且看茱萸好。"宋苏轼《明日重九》诗："人间此会论今古，细看茱萸感叹长。"宋詹克爱《失调名》词："后会不知谁健，茱萸莫厌重看。"唐末五代《提要录》云："九月九日，摘茱萸闻嗅，通关辟恶。"所以，重阳节人们也常嗅茱萸，以防疫避邪。宋代苏轼《醉蓬莱》词云："此会应须烂醉，仍把紫菊茱萸，细看重嗅。"黄庭坚《失调名》词："直须把、茱萸遍插，看满座、细嗅清香。"看苏、黄二公重嗅、细嗅茱萸的神态,真是陶醉其中啊!

饮茱萸酒。从唐代开始,以茱萸泛酒而饮之风兴起。孙思邈《千金月令》说重阳日饮酒"必采茱萸、甘菊以泛之"。唐权德舆《九日北楼宴集》诗:"风吟蟋蟀寒偏急,酒泛茱萸晚易醺。"南宋陈元靓《岁时广记》引《提要录》云:"北人九月九日以茱萸研酒,洒门户间辟恶,亦有入盐少许而饮之者。"又云:"男摘二九粒,女一九粒,以酒咽者,大能辟恶。"宋王诜《失调名·九日》词:"带了黄花,强饮茱萸酒。"黄庭坚《清平乐》:"萸粉菊英浮盎醑。报答风光有处。"南宋吴自牧《梦粱录》卷五《九月重九》:"今世人以菊花、茱萸,浮于酒饮之,盖茱萸名'辟邪翁',菊花为'延寿客',故假此两物服之,以消阳九之厄。"重阳节饮茱萸酒的习俗一直延续至明清。清同治六年刊四川《巴县志》:"九月九日为重阳节,佩绛囊,簪菊登高,饮茱萸酒。"清同治十三年刊四川《彰明县志》:"九月九日,饮茱萸、菊酒,提榼登高。"清光绪元年刊四川《重修长寿县志》:"九月九日登高,食重阳糕,饮茱萸酒。"至民国年间,四川方志中记载重阳节俗,就只见饮菊花酒,而无饮茱萸酒了。

赏菊

菊花是中国十大名花[1]之一,在中国有三千多年的栽培历

---

[1] 十大名花:指兰花、梅花、牡丹、荷花、菊花、月季、桂花、杜鹃花、水仙花和茶花。

史。菊花有一定的食用价值，《楚辞》多次提到食菊花，如"朝饮木兰之坠露兮，夕餐秋菊之落英"[①]，"播江离与滋菊兮，愿春日以为糗芳"[②]。三国魏吴普等述《神农本草经》卷二说："鞠华[③]，味苦平。主（治）：风，头眩肿痛，目欲脱，泪出，皮肤死肌，恶风湿痹。久服，利血气，轻身，耐老延年。一名节华。生川泽，及田野。"因菊花在九月开放，所以九月又被称为"菊月"。独立寒秋的菊花，在古人眼里有着不寻常的文化意义。菊花被称为长寿花、延龄客，既赏心悦目，又能治病疗疾，于是赏菊、采菊、食菊、佩菊、饮菊花酒，成为重阳节人们喜爱的活动。苏东坡诗云："菊花开时即重阳"。菊花不仅是九月的标志，也是重阳节的象征，重阳节又称为"菊花节"。

重阳赏菊，宋代记载尤多。宋孟元老《东京梦华录》卷八《重阳》："九月重阳，都下赏菊，有数种：其黄白色蕊若莲房，曰'万龄菊'；粉红色曰'桃花菊'，白而檀心曰'木香菊'，黄色而圆者曰'金铃菊'，纯白而大者曰'喜容菊'，无处无之。酒家皆以菊花缚成洞户。"南宋吴自牧著《梦粱录》卷五《九月重九附》："年例，禁中与贵家皆此日赏菊，士庶之家，亦市一二株玩赏。其菊有七八十种，且香而耐久，择其优者言之，白黄色蕊若莲房者，名曰'万龄菊'；粉红色者名曰'桃花菊'；白而檀心者名曰'木香菊'；纯白且大者名曰'喜容菊'；黄色而圆名曰'金铃菊'；白而大心黄者名曰'金盏银台

---

① （宋）朱熹：《楚辞集注》，上海古籍出版社1979年版，第7-8页。
② （宋）朱熹：《楚辞集注》，上海古籍出版社1979年版，第78页。
③ 鞠华：菊花。

菊花会 《水浒传》插图

菊'：数本^①最为可爱。"周密著《武林旧事》卷三《重九》："禁中例于八日作重九排当，于庆瑞殿分列万菊，灿然眩眼，且点菊灯，略如元夕。内人乐部，亦有随花赏，如前赏花例。盖赏灯之宴，权舆于此，自是日盛矣。"

宋代以后，人们依然传承着重阳赏菊的习俗。从元代卢挚《沉醉东风·重九》中"题红叶清流御沟，赏黄花人醉歌楼"^②的佳句，可以想象当时士大夫"人共黄花醉重阳"的情景。

明刘若愚撰《酌中志》记明朝皇宫中过重阳节，说："御前进安菊花。自初一日起，吃花糕。宫眷内臣自初四日换穿罗重阳景菊花补子蟒衣。九日'重阳节'，驾幸万寿山或兔儿山、旋磨台登高。吃迎霜麻辣兔、饮菊花酒。"

清富察敦崇著《燕京岁时记》记：过去北京俗称菊花为"九花"（以九月可开），每届重阳，富贵之家以九花数百盆，架置于广厦之中，高低错落，望之若山，曰九花山子。另有四面堆积成塔形者，曰九花塔。《清嘉录》讲苏州人喜欢瓶插菊花供欣赏，还将千百盆菊花堆叠成"菊花山"。

除了赏菊之外，还有簪菊的习俗。唐末《辇下岁时记》载："九日，宫掖间争插菊花，民俗尤甚。"唐杜牧诗云："尘世难逢开口笑，菊花须插满头归。"又云："九日黄花插满头"。宋晏几道词云："兰佩紫，菊簪黄。"宋司马光《九日赠梅圣俞瑟姬歌》云："不肯那（通"挪"）钱买珠翠，任教堆插阶前

---

① 本：草木记数的单位。数本，即数株、数棵。
② 任中敏编：《元曲三百首》，岳麓书社2004年9月第1版，第53页。

菊。"宋苏东坡《次韵苏伯固主簿重九》诗云："鬘重不嫌黄菊满，手香新喜绿橙搓。"簪菊之俗一直传至明清。

重阳饮菊花酒也是传统的风俗。

菊花酒的酿制法，各个时代略有差异。晋葛洪撰《西京杂记》说："饮菊花酒，令人长寿，菊花舒时，并采茎叶，杂黍米酿之，至来年九月九日始熟，就饮焉，故谓之菊花酒。"宋王怀隐等撰《太平圣惠方》云："治头风，用九月九日菊花暴干，取家糯米一斗蒸熟，用五两菊花末，常酝法，多用细面曲炒熟，即压之去滓。每煖一小盏服之。"明冯应京《月令广义·九月令》介绍菊酒酿制法，云："菊酒香甘。黄菊晒干，用瓮盛酒一斗，菊头二两，以生绢袋悬于酒面上，约离一指高，密封瓮口，经宿去花袋，其酒有菊香。"九月九日所酿的菊花酒在古代被视为延年益寿的长命酒。晋陶潜《九日闲居并序》："酒能祛百虑，菊解制颓龄。"唐郭元振《子夜四时歌六首·秋歌二首》之二说："辟恶茱萸囊，延年菊花酒。"

清代以来，四川人过重阳节，除饮菊花酒之外，还流行家家酿造"重阳酒"的习俗。如：同治十二年刊《重修成都县志》："九月九日，人家酿酒，谓之'重阳酒'。"道光六年刊《綦江县志》："九月九日为'重阳节'，间有簪菊登高，饮茱萸酒者。是日造酒，谓之'重阳酒'，备来岁需。制咂酒者亦如之。"嘉庆二十年刊《温江县志》："（重阳）节前后十日，比户造酒，呼为'重阳酒'，备来年之需。"清光绪十二年刊《增修灌县志》："九月九日，人多酿酒，谓之'重阳酒'，可以久留。"嘉庆二十三年刊《邛州直隶州志》："九月九日，少登高者。田家多于此日酿酒，谓之'重阳酒'。"道光二十年刊《江油县志》："田家于是日酿酒，曰'重阳酒'，隔年宴客以为美。"嘉庆十八年刊《峨眉县志》："九月重阳，饮黄花酒，佩茱萸以登高。家家造酒，谓之'重阳酒'。"家家造酒，造的什么酒？嘉庆十七年刊《南溪县志》："九月九日为'重阳节'。是日登高，邑人士间有行之者。各以糯米酿酒，备来岁需，谓之'重阳酒'。"1983年铅印本《武阳镇志》载：新中国成立后，传统重阳节民俗事象中，"唯有农村蒸'重阳酒'（醪糟）还较普遍"。可见，过去所谓家家造的"重阳酒"，就是米酒，四川人叫"蒸醪糟"。

吃重阳糕

重阳节吃糕的习俗在汉代即已出现，当时称为"饵"，晋葛洪撰《西京杂记》最早提到九月九日食蓬饵。隋杜台卿撰《玉烛宝典》："九日食饵者，其时黍秫[①]并收，以黏米加（嘉）味，触类尝新，遂成积习。"《周官·笾人》曰："羞笾之实，糗饵粉餈。"注云："糗饵者，秬[②]米屑蒸之，加以枣豆之味，即今饵馓也。《方言》谓之糕，或谓之餈。"

唐张九龄等撰《唐六典》膳部有节日食料，注云："九月九日以麻葛为糕。"宋庞元英著《文昌杂录》云："唐时岁时节物，九月九日则有茱萸酒、菊花糕。"

[①] 秫：音tú，即稻子。
[②] 秬：音jù，即黑色的黍。

在宋人描述都市生活和民间习俗的几部常见书籍中都有重阳吃糕的记载。宋孟元老《东京梦华录》载，都人于重九前一二日，"各以粉面蒸糕遗送，上插剪彩小旗，掺钉果实，如石榴子、栗子黄、银杏、松子肉之类。又以粉作狮子蛮王之状，置于糕上，谓之'狮蛮'。"南宋吴自牧《梦粱录》载，重九之日，"都人店肆，以糖面蒸糕，上以猪羊肉鸭子为丝簇钉，插小彩旗，名曰'重阳糕'。禁中阁分及贵家相为馈送。蜜煎局以五色米粉塐（塑）成狮蛮，以小彩旗簇之，下以熟栗子肉杵为细末，入麝香糖蜜和之，捏为饼糕小段，或如五色弹儿，皆入韵果糖霜，名之'狮蛮栗糕'，供衬进酒，以应节序。"南宋周密《武林旧事》则谓，重九之日，南宋都城临安居民"各以菊糕为馈，以糖肉秫面杂糅为之，上缕肉丝鸭饼，缀以榴颗，标以彩旗。又作蛮王狮子于上，又糜栗为屑，合以蜂蜜，印花脱饼，以为果饵。又以苏子微渍梅卤，杂和蔗霜梨橙玉榴小颗，名曰'春兰秋菊'。"[①]北宋崔正言《和吕居仁九日诗》："街头未易见清香，折取萧萧满把黄。归去酾钱烦里社，买糕沽酒作重阳。"宋

[①] 苏，又叫紫苏、赤苏、桂荏，一年生草本植物；紫苏的干燥成熟的果实，叫苏子。苏子，是一味常用中药，其性温，味辛，有降气除寒、补中益气、开胃下食、消痰利肺、和血止痛的功效。紫苏在中国种植约2000年历史，明代李时珍著《本草纲目》草部第十四卷"苏"条记载："紫苏嫩时采叶，和蔬茹之，或盐及梅卤作菹食甚香，夏月作熟汤饮之。"可见紫苏在中国人的饮食中很常见。日本吃生鱼片，紫苏是必不可少的陪伴物；韩国将紫苏叶作泡菜，越南米粉摊上也常用紫苏叶装饰调味。

这里"以苏子微渍梅卤，杂和蔗霜梨、橙、玉榴小颗，名曰'春兰秋菊'"，可能是用九月间刚收下的苏子，用梅卤微微浸渍，混合上用白糖（蔗霜）渍的梨子小颗粒、橙子小颗粒和石榴子（南宋吴自牧《梦粱录》卷十八《物产·果之品》："石榴子，颗大而白，名'玉榴'；红者次之。"），这种类似蜜饯的食品，取个美名叫"春兰秋菊"。

代"买糕沽酒作重阳"已成里社百姓约定的民俗。

重阳糕在明清以后又多称为"花糕"。明刘侗、于奕正著《帝京景物略》卷二《春场·九月九日》云："面饼种枣栗其面，星星然，曰花糕。糕肆标纸彩旗，曰花糕旗。父母家必迎女来食花糕，或不得迎，母则诟，女则怨诧，小妹则泣，望其姊姨，亦曰女儿节。"重阳花糕成为都市和乡村的重阳节应节食品。清潘荣陛《帝京岁时纪胜》云："京师重阳节花糕极胜。有油糖果炉作者，有发面累果蒸成者，有江米黄米捣成者，皆剪五色彩旗以为标帜。市人争买，供家堂，馈亲友。小儿辈又以酸枣捣糕，火炙脆枣，糖拌果干，线穿山楂，绕街卖之。有女之家，馈遗酒礼，归宁父母，又为女儿节云。"清富察敦崇《燕京岁时记》说，当时的"花糕有二种：其一以糖面为之，中夹细果，两层三层不同，乃花糕之美者；其一蒸饼之上星星然缀以枣栗，乃糕之次者也。每届重阳，市肆间预为制造以供用。"

清顾禄《清嘉录》卷九《九月·重阳糕夜作》记苏州食重阳糕后，织工夜作的情景："居人食米粉五色糕，名重阳糕。自是以后，百工入夜操作，谓之做夜作。清蔡云《吴歈》云：'蒸出枣糕满店香，依然风雨古重阳。织工一饮登高酒，篝火鸣机夜作忙。'"

四川清代、民国地方志中也不乏九月九日"蒸糕，谓之重阳糕、食重阳糕、啖花糕"的记载。

饵，作为九月九日节令食品最初出现在《西京杂记》中，仅是祭祀食品，别无巫术功能。宋代，由于食重阳糕已成里社约定的民俗，民间取汉语"糕"的谐音"高"，赋予"重阳糕"吉祥的象征意义。北宋吕原明《岁时杂记》记载,宋代民俗,"九月九日天欲明时,以片糕搭小儿头上,乳保①祝祷云:'百事皆高'。"

糕不仅谐音"高",而且重阳糕上的诸种饰物也都有着各自的寓意。北宋吕原明撰《岁时杂记》:"民间九日作糕,每糕上置小鹿子数枚,号曰食禄糕。""二社②、重阳尚食糕。而重阳为盛。大率以枣为之。或加以栗,亦有用肉者。有面糕,黄米糕,或为花糕。"糕上的枣、栗、狮子之类饰品,都是中国传统的祈福象征物。

---

① 乳保:即乳母。
② 二社:指春社和秋社。

霜景晴来却胜春

十月朝、下元

薄烟如梦雨如尘,霜景晴来却胜春。
——唐·崔橹《十月九日题云梦亭》

十月芙蓉花满枝,天庭驿骑赐寒衣。
——唐·刘兼《宣赐锦袍设上赠诸郡客》

孟冬十月是个特殊的时节。从时令说来，这个月有立冬和小雪两个节气，意味着冬季开始了，人们都忙于越冬的准备工作。从物候上看，严寒尚未来临，从立冬至小雪节令这段时间，一些果树会二次开花，呈现出好似春三月的暖和天气。唐代谢良辅《状江南·孟冬》诗云：「江南孟冬天，荻穗软如绵。绿绢芭蕉裂，黄金橘柚悬。」这即是俗称的「小阳春」（简称「小春」）天气。南宋陈元靓《岁时广记》卷三十七《小春》引《初学记》云：「冬月之阳，万物归之，以其温暖如春，故谓之小春，亦云小阳春。」明谢肇淛《五杂组》卷二《天部二》所言：「十月有阳月之称，即天地之气，四月多寒而十月多暖，有桃李生华者，俗谓之「小阳春」。」

「九月肃霜，十月涤场。」十月间又是禾稼收割完毕，囤积仓满，农民空闲下来开始祭祖、还愿、庆丰收的季节。这个月有两个节日值得介绍，一是十月朔（十月朝）的「寒衣节」和「牛王节」，二是十月十五的「下元节」。

一·十月朔

十月朔，或叫十月朝，即俗称的十月初一。这一天之成为节日，由来已久。

名称来历

十月是黍、稻收获的时节。《诗·豳风·七月》说"十月纳禾稼"，十月谷物的进仓，标志着一年农业生产周期的结束，亦即年节的到来。《礼记·月令》云："是月也，大饮烝，天子乃祈来年于天宗，大割祠于公社及门闾，腊先祖、五祀，劳农以休息之。"即是说，这个月天子和群臣在太学里举行旨在尊重年齿的盛大酒会，各有牲体设在肉几上。天子向日月星辰祈祷来年丰收，宰杀牲口报答性地祭祀公家神社以及城门、里门，用田猎所得的禽兽祭祀宗庙和五祀——门神、户神、中霤神①、灶神、行神，举行慰劳农民的酒会，来让农民好好休息。

十月处于新旧之交，十月初一在古代不仅被视作冬季的首日，还在相当长一段时间内被作为一岁之首。十月朔，俗称"秦

---

① 中霤神：霤，音liù，指远古先民土屋或穹庐的天窗。由天窗而进为天井，由天井而进为庭院，均居屋之中央，是为"中霤"。中霤为家之土神即"中霤之神"，或曰"宅基神"。

岁首"。关于秦以十月为岁首的问题，宋司马光编著《资治通鉴》"汉高祖元年冬十月"，元胡三省注云："古有三正：子为天正，周用之，以十一月为岁首；丑为地正，殷用之，以十二月为岁首；寅为人正，夏用之，以十三月为岁首。秦，水德，谓建亥之月水得位，故以十月为岁首。高祖以十月至霸上，因而不革。至武帝太初元年，定历，改用夏正，始以寅为岁首，至于今因之。"秦以十月为岁首，十月朔，就等于夏历①正月初一，因而这一天按传统风俗，特别隆重，要吃黍米肉羹，其义为尝新之祭。《太平御览》卷二十六引《祢衡别传》说，三国时江夏太守黄祖十月初一在战船上会设黍米肉羹款待客人，少年祢衡在座，当黍米肉羹端上来后，祢衡先独自吃饱，然后便将黍米肉羹"搏弄戏掷"，他就是这么一个轻狂无礼的人。

汉武帝之后，以夏历正月为岁首，春节逐渐成为全国通行的大年，因此有关新年的习俗也多集中到春节时段，所以之后的十月节俗明显淡化。但十月节毕竟有过作为岁首大节的历史，不仅有着"十月朝""十月朔"的名号，其风俗也以变异的形式留传下来。南朝梁宗懔《荆楚岁时记》载，南北朝时代，北方人在十月初一这天讲究吃麻羹豆饭，也是芝麻和赤豆刚成熟，举行的尝新之祭。

十月朝的习俗

十月在古代是一个特殊的月份，一方面人们在十月里聚餐会

---

① 夏历：农历。

饮，欢庆丰年；另一方面祭祀祖灵，祈请先人佑护，度过寒冬。后世的十月节节俗活动传承了古人这种特有的时季感受。

1．送寒衣（寒衣节）

"孟冬十月，北风徘徊。天气肃清，繁霜霏霏。"（曹操《步出夏门行》）随着天气转冷，人们自然想到加添衣裳，取暖过冬的问题。《诗·豳风·七月》说，周代有"九月授衣"之举，十月就要用土砖把朝北的窗堵上，把用竹木编的房门抹上泥，以避风寒。天子也在十月换上了冬装，所谓"是月也，天子始裘"[①]。这种十月添加衣服的习俗很早就成为朝廷的节令礼仪。宋孟元老《东京梦华录》卷九："十月一日，宰臣已下受衣著锦袄。"南宋吴自牧《梦粱录》卷六：十月"朔日朝，廷赐宰执以下锦，名曰'授衣'。其赐锦花色，依品从给赐。百官入朝起居，衣锦袄三日。"十月朔，人们始服寒服的礼俗自古相传，同时有钱人家也施舍一些旧衣物给贫苦人民，帮助他们度过即将开始的漫长的冬天，其实这也是另一种形式的送寒衣。如民国二十三年刊四川《华阳县志》记载十月一日"富家往往以旧衣物施与贫苦，曰'送寒衣'。"由人间的送寒衣，人们自然想到生活在冥间的祖先和亲人，也该添加衣履衾褥了，根据儒家"事死如事生，事亡如事存"的孝道理念，至迟到宋代，十月初一这天又增添了墓祭为祖先送寒衣的习俗内容。

宋孟元老《东京梦华录》卷九"十月一日"条："十月一

[①]《礼记·月令》，清阮元校刻《十三经疏注》，中华书局影印，1980年10月第1版，第1381页。

日……士庶皆出城飨坟。禁中车马，出道者院及西京朝陵。宗室车马，亦如寒食节。"卷八"重阳"条："下旬即卖冥衣靴鞋席帽衣段，以十月朔日烧献故也。"《梦粱录》也说十月朔为"十月节"，"士庶以十月节出郊扫松，祭祀坟茔"。

元朝则继承了宋代节俗，"是月，都城自一日之后，时令谓之送寒衣节。祭先上坟，为之扫黄叶。此一月行追远之礼甚厚"[1]，由此可见北京在元代盛行送寒衣。

明代冯应京《月令广义·十月令》云，十月朔是祭祖阴祀[2]日，士庶拜扫坟墓，送寒衣，"燕市俗，刻板为男女衣状，饰文五色，印以出售。农民竞以初一日鬻去，焚之祖考，名曰送寒衣。"明刘侗、于奕正《帝京景物略》卷二《春场》："十月一日，纸肆裁纸五色，作男女衣，长尺有咫，曰'寒衣'，有疏印缄识其姓字辈行，如寄书然，家家修具夜奠，呼而焚之其门，曰'送寒衣'。新丧，白纸为之，曰'新鬼不敢衣彩'也。送白衣者哭，女声十九，男声十一。"

清朝北京寒衣节俗承继明朝，但也有新发展。清初潘荣陛《帝京岁时纪胜》："十月朔，孟冬时享宗庙，颁宪书，乃国之大典。士民家祭祖扫墓，如中元仪。晚夕缄书冥楮，加以五色彩帛作成冠带衣履，于门外奠而焚之，曰送寒衣。"清富察敦崇《燕京岁时记》："十月初一日，乃都人祭扫之候，俗谓之送寒衣。按《北京岁华记》：'十月朔上塚，如中元祭，用豆泥

---

[1] 北京图书馆善本组辑元熊梦祥《析津志辑佚》，北京古籍出版社1983年版。
[2] 阴祀：指在北郊祭地及社稷。《周礼·地官·牧人》："凡阳祀，用骍牲，毛之；阴祀，用黝牲，毛之。"郑玄注："阴祀，祭地及社稷也。"

骨朵。豆泥骨朵乃元人语,今不知为何物矣。'又《帝京景物略》:'十月朔,纸坊剪纸五色作男女衣,长尺有咫,曰寒衣。有疏印识其姓字行辈,如寄家书然,家家修具,夜奠而焚之其门,曰送寒衣。今则以包袱代之,有寒衣之名,无寒衣之实矣。包袱者,以冥镪封于纸函中,题其姓名行辈,如前所云。'"

清代南方墓祭,送寒衣之风俗,苏州为代表。清顾禄《清嘉录》卷十"十月朝"条:"月朔,俗称十月朝,官府又祭郡厉坛。游人集山塘,看无祀会。间有墓祭如寒食者,人无贫富,皆祭其先,多烧冥衣之属,谓之烧衣节。或延僧道作功德,荐拔新亡,至亲亦往拜灵座,谓之新十月朝。"

所谓"官府又祭郡厉坛"之"厉",《左传》昭公七年引子产言曰:"鬼有所归,乃不为厉"。人死为鬼,鬼者归也,言鬼有归宿处。无归宿处,即为厉,是为孤魂野鬼。为免除厉鬼作祟于民,《礼记·祭法》说孟冬十月的祭祀中要分级祭"厉",古代帝王没有后裔而好给人们制造祸害的厉鬼叫"泰厉",古诸侯没有后代者的厉鬼叫"公厉",大夫无后者的厉鬼叫"族厉"。明朝政府特别重视祀厉,进一步将祭厉制度化和普遍化。洪武三年(公元1370年)规定京师、国、州、县各于城北设泰厉、国厉、郡厉、县厉、邑厉诸厉坛,分别于清明和十月朔祭祀,届时将城隍神移往厉坛进行。城隍神立于坛上,无祀的鬼神于坛下东西设位,里社也祭于乡厉。后来又规定郡邑厉、乡厉在七月十五日也要祭祀。

在清代,四川官府仍有祭厉之礼,并且往往以城隍出驾形式祭厉赏孤。成都每岁以清明日、七月十五及十月初一为出驾期。

届时，成都县、华阳县和成都府三城隍同至城外祭厉赏孤。"遇出驾日，倾城聚观，万人空巷。神所经处，各门前多设香案，神到则争相膜拜。祭孤以后，随驾者仍各同返庙，礼神始散。"①各县亦办城隍会赏孤，民间则上坟祭祖，送寒衣。清乾隆四年刊《雅州府志》："十月朔日，家造酒食祭先祖。葬未三年者，用纸制衣履、衾裯往墓间化之，谓之'送寒衣'。"清嘉庆二十年刊《温江县志》："十月一日，邑令请城隍像诣北坛赏孤，礼与'清明'同。邑人各制纸衣、冠、履、衾裯，致祭祖先，谓之'送寒衣'。"乾隆四十三年刊《屏山县志》："十月朔日，民间上坟，'送寒衣'。迎城隍神于城外，设祭厉坛。"民国二十一年刊《绵阳县志》："十月初一日，人家多焚纸衣、冥物于祖茔或户外，谓之'送寒衣'。虽近迷信，然亦古人履霜凄感，念昔先人之意。"

总之，十月朔的墓祭祖先亡灵的风俗，同清明、中元节一样，被称为鬼节。

2．开炉或暖炉

天寒地冻，烤火取暖，这是人类社会传承久远的生活习俗。《礼记·月令》说，季秋九月，"草木黄落，乃伐薪为炭"，为冬天取暖准备燃料。唐宋时期北方城市居民在十月一日正式生火开炉，直到来年二月才撤火，这与当今北方城市的供暖时间大体一致，古人对开炉的第一天特别地珍重，人们作"暖炉会"，家

---

① 周询：《芙蓉话旧录》卷三《城隍》，四川人民出版社1987年8月第1版，第48页。

人好友围坐饮啖，其乐融融。

宋代北方有"暖炉会"，南方有"开炉"习俗。

北宋吕原明撰《岁时杂记》："朝堂诸位，自十月朔设火，每起居退，赐茶酒，尽正月终。"又《岁时杂记》："十月朔，在京僧寺以薪炭出于檀施，是日，必开炉，上堂作斋会。"宋孟元老《东京梦华录》卷九载，十月一日"有司进暖炉炭。民间皆置酒作暖炉会也。"《岁时杂记·暖炉》："京人十月朔沃酒，乃炙脔肉于炉中，团坐饮啖，谓之暖炉。"宋金盈之《醉翁谈录》卷四："旧俗：十月朔开炉向火，乃沃酒及炙脔肉于炉中，围坐饮啖，谓之暖炉。至今民家送亲党薪炭、酒肉、缣绵，新嫁女并送火炉。"

南宋吴自牧《梦粱录》卷六《十月》："有司进煖炉炭。太庙享新，以告冬朔。诸大刹寺院，设开炉斋供贵家。新装煖阁，低垂绣幙。老稚团圞，浅斟低唱，以应开炉之序。"史载宋代东京（开封）已经烧煤，所谓"暖炉炭"可能就是煤炭。此外，皇宫内仍然用木炭火取暖，谓之"熟火"[①]。南宋周煇撰《清波杂志》卷六《御炉炭》载："宣和间，宗室围炉次索炭，既至，呵斥左右云：'炭色红，今黑，非是！'盖常供熟火也。"

在元代，据《至顺镇江志》记载，也有"暖炉"风俗。

明代"开炉"之俗流行于江南等地。嘉靖刊《太仓州志》记载：是日不问寒燠，富家多积炭于堂，称为"开炉"。正德刊《建昌府志》也说人家开炉烧茶为会。

[①] 熟火：木炭烧透后的文火。

清代此俗仍有流行。清富察敦崇《燕京岁时记》说:"京师居人例于十月初一日添设煤火,二月初一日撤火。火炉系不灰木为之,白于矾石,轻暖坚固。"

3. 祀牛神(牛王节)

中国自古以农立国,牛是农村的主要耕畜,农民的宝贝,特别在南方稻作文化区,于农耕经济作用甚大。旧时农民多供牛王,以冀保护耕牛不染瘟疫。

牛神之祭,应该有相当久远的历史,但文献记载始见于秦的怒特祠。北魏郦道元《水经注·渭水上》载,在武都故道县有"怒特祠",为秦文公所立祭祀"大梓牛神"的地方。怒特,即高大健壮、威风凛凛的公牛。《战国策·赵策一》载,在长平之战前夕,平阳君赵豹劝赵王不要同秦国作战,他说:"且秦以牛田,水通粮,其死士皆列之于上地,令严政行,不可与战。""秦以牛田",就是说秦国最早以牛耕田,农业生产发达,国力强盛。因此,秦国最早产生牛神崇拜。

南朝宋裴骃《史记集解》称,"今俗画青牛障",是南朝时的"牛神"造型。

清陈梦雷《古今图书集成·神异典》卷五十四引南宋高文虎《蓼花洲闲录》:"有自中原来者,云北方有牛王庙,画百牛于壁,而牛王居其中间。牛王为何人?乃冉伯牛也。呜呼!冉伯牛乃为牛王。"孔子的学生冉耕,字伯牛。后世研究者认为用"耕""牛"取名字,说明春秋时代已出现牛耕,流传到宋代,北方遂有"画百牛于壁,而牛王居其中间"的说法,牛王变成有名有姓的冉伯牛。但据北宋何薳《春渚纪闻》卷三说,宋代"牛

王之宫"里的牛神却是"牛首人"。

明清时期流行祭祀牛神的"牛王节"。据清李调元《新搜神记·神考》"牛王"条："今人多于十月初一日相率祭牛王。牛于农家有功，以报本也。但不知其始。按《列异经（传）》：'秦文公伐梓树，梓树化为牛，文公遣骑击之，骑堕地被发，牛畏之，入水不出，没于水中，秦乃立怒特祠。'按，此即今牛王庙之始也。《大玉匣记》：'牛王生辰在七月二十五日，今用十月初一者。以七月农方收获，故相沿改期，以便民也。'"

据明清方志记载，十月朔祭牛神（牛王节）的风俗在四川、安徽、江西、贵州、广东等省均有分布，其中尤以四川岷江流域为中心的川西、川南各县为盛。

秦蜀毗邻，秦"怒特祠"所在的武都郡本在巴蜀文化区内。后来，秦国与蜀王开明氏争斗，又有金牛开道的传说。公元前316年秦灭蜀巴以后，派李冰为蜀郡守。李冰治水有功，又有李冰化苍牛战江神的神话故事。川西平原，自那时以来，便成为"水旱从人，不知饥馑，沃野千里"的天府之国。一直到二十世纪八九十年代，水牛（苍牛）都是川西平原农民的主要耕畜。因此，在这里对牛的崇拜信仰比全国任何地方都要深厚。

十月初一是牛王诞辰，城乡（以农村为最）皆要祭牛神，以酬辛劳。四川农村这一天主要的民俗活动是：农家蒸糯米，捣（舂）糍粑喂牛，把糍粑粘在牛角上，谓之"接牛角"。有的还要扯一把野菊花，插在牛角的糍粑上，把牛牵到水边临水照，让牛看见自己打扮得漂亮而高兴。例如：

明嘉靖刊《洪雅县志》记载："十月朔，作饼饵饭牛，余则挂之角，谓牛是日照水，角无饼饵则悲鸣。佣者是日与之衣以归，遂纵牧于野。"

清道光九年刊《新津县志》卷十五《风俗》："十月一日为'牛王会'。农家作米糍系牛角以劳其苦，租于人者，以是日偿。"

民国十七年刊《雅安县志》卷四《风俗志》："十月一日，农家捣蒸黍饭牛，复粘角端，牵照水田，谓牛见黍则喜，曰'接牛角'。乡皆有'牛王会'。"

| （唐）戴嵩《斗牛图》　台北故宫博物院藏品

清嘉庆十八年刊《峨眉县志》：十月朔，"农家以米饴悬于牛角，而劳苦之。庆'牛王神诞'，诵经，谓之'清斋'。"

清道光二十四年刊《金堂县志》："十月初一日为'牛王会'，乡村农家以米糁悬牛角而劳苦之，凡租于人者，亦以是日取回，盖自明时已然。"

清道光十七年刊《德阳县新志·风俗》："十月初一日为牛王会，农家尤重之。城市则皆祀有牛王庙，乡村则寺观亦塑有牛王像。比户合钱演戏以酬神，彼此争先，乐部为之增价。"牛王会皮影戏一般演出《金牛记》。

清道光二十年刊《江油县志》："十月一日为'牛王神诞'。缘川省与北五省异，田多水耕，不用骡马，专用犊。自正月，选属龙日驾牛，从此曳犁濡尾，终岁无时少息。盖六畜之中，惟牛为最辛勤，故食其力者酬其德。乡人于此日捣糯米饼虔供奉，醵金演戏三四日不等，无所少吝。所谓'有功德于民则祀之'之意也。"

清嘉庆二十二年刊《汉州志》："十月朔，以稌（tú）饭舂之成饼，名曰'糍粑'，粘两牛角尖，否则牛泪涔涔下。四乡以次演剧，报赛牛神。"

民国十六年刊《简阳县志》："十月初一日，相传为'牛王诞辰'。俗用糯米蒸熟，以芦秆削尖签之，名曰'打糍粑'。或搓成饼，内裹以糖，炕黄食之，或即用糖蒸化，调和食之不等。其畜牛之家，又用糍粑包于牛两角尖，然后采菊花数朵插于其上，以为赏牛。是日，牛不耕作。"

清同治六年刊《巴县志》：十月朔"蒸糯米，捣糕饭牛，并粘牛角，令其临水照，见则牛喜酬其力，曰饷牛王；兼馈亲友，以示有秋。"

清同治四年刊《璧山县志》："十月朔日，蒸糯米捣糍糕饭牛，并粘牛角，令其临水照，见则牛喜其酬力。演傀儡，以饷牛王，酬力也。"

清光绪二十二年刊《叙州府志》卷二十二《风俗》："十月朔日……是日祀牛神，谓之'牛王会'。蒸糯米捣糍巴饭牛，并粘牛角以酬其力。"

民国三十一年刊《西昌县志》："十月为'小阳春'。朔日，县民扫墓，冬祭。乡村以为'牛生日'，舂粘黍为糍粑，祭牛王神；谷米秣牛，更以糍粑附粘其角，采鲜花插其上，以表牛功而酬之。"

二·下元节及其习俗

十月十五日为下元节，是道教"水官解厄"的日子。南宋陈元靓《岁时广记》卷三十七引《正一旨要》："下元日，九江水帝十二河源溪谷大神与旸谷神水府灵官，同下人间，校定生人罪福。又下元三品解厄水官，主录百司，检察人间善恶，上诣天阙进呈，大宜崇福。"每年十月十五日，水官考籍，按照众生善恶功过，随福受报，随孽转形。道观此日设斋建醮，禳解厄难，超度死者。南宋陈元靓《岁时广记》卷三十七引《道经》曰："十月十五日，谓之下元令节。是日宜斋戒沐浴，静虑澄心，酌水献花，朝真礼圣，可以灭罪消愆[1]，延年益寿。"

南宋吴自牧《梦粱录》卷六载，十月十五日是"水官解厄之日，官观士庶，设斋建醮，或解厄，或荐亡。"人们准备丰盛的菜肴，祭祀祖先和神灵；或到道教宫观去设斋建醮，超度逝去的亲人，禳解未来的灾难。明清以后直到民国年间，一些地区在下元节举行三官会、做醮活动，民间则有持斋诵经者。民国十六年刊四川《广安州新志》载："（十月）十五日，名'下元会'。舁城隍至厉坛祭孤，如'清明''中元节'。各寺观办

---

[1] 愆：音qiān，过失之意。

'下元会'，诵经。疾病，以牲醴许神愿，愈后送匾对，曰'还愿'。"

明代不少地区在下元日进行送寒衣的民俗活动，如嘉靖河北《清苑县志》载："下元剪纸为衣，上墓，曰送寒衣。"下元送寒衣，反映出道教对民俗的吸收。

清代北京的下元节活动，主要在庵观寺院举行。据清初潘荣陛《帝京岁时纪胜》云：十月"十五日下元之期，庵观寺院课经安期起，至次年正月廿五日，百日期满。夜悬天灯，黄幅大书：冬季唪经祝国裕民百日期场。嗜佛之家，送香烛献斋供者络绎。"南方的苏州，据《清嘉录》卷一《正月·三官素》云："遇三元日，士庶拈香，骈集于院观之有神像者。郡西七子山有三官行宫，释氏奉香火。至日，舆舫络绎，香潮尤盛，归持灯笼，上衔三官大帝四字，红黑相间，悬于门首，云可解厄。或有以小杌插香供烛，一步一拜至山者，曰拜香。"

下元节亦有点灯活动，如同上元节。北宋吕原明《岁时杂记》载："开宝元年，诏中元张灯三夜，唯正门不设灯，上御宽仁楼即今东华门也。太平兴国四年，设下元灯，依中元例张灯三夜。淳化元年，诏罢中元、下元观灯。"

由于下元节与十月朔相距甚近，都在十月，而且节俗都以祭祀为主，民间难以区分清楚，所以有将二者混淆、合而为一的情况，如清咸丰九年刊河北《固安县志》："十月朔，为下元节。祭扫先茔，剪楮为衣，裹以纸钱焚之，谓之送寒衣。"民国十七年刊四川《涪陵县续修涪州志》：（十月）"州牧祭厉坛。十五日，道家谓水官解厄之辰，士民祀祖先，以纸剪衣服焚之。"

冬至阳生春又来

冬至、数九

天时人事日相催,
冬至阳生春又来。
——唐·杜甫《小至》

水国过冬至,风光春已生。
——宋·张耒《冬至后》

冬至,是二十四节气之一。在中国传统社会,人们不仅将其视为时节、气候变化的坐标,而且也曾长期被视为一个与新年媲美的人文节日,号称「亚岁」「小岁」。人们常将冬至与大年对举,民间还流传着「冬至大如年」的俗语,可见冬至在古代民间生活中的地位与影响。

一·冬至节的来历

二十四节气中,冬至位于农历十一月(冬月)。如按阳历,冬至的日期则比较固定,一般在每年的12月22日或23日。例如:2013年12月22日,为农历癸巳年冬月二十日,这一天是传统的冬至节;而2014年的冬至节,也在阳历12月22日,时为农历甲午年冬月初一。冬至这一天,对位于北半球的中国来说,太阳刚好直射在南回归线①上,因此使得北半球的白天最短,黑夜最长。唐代白居易《冬至夜》诗云:"三峡南宾城最远,一年冬至夜偏长。"又《冬至夜怀湘灵》诗云:"何堪最长夜,俱作独眠人。"冬至过后,太阳又慢慢地向北回归线转移,北半球的白昼又慢慢加长,而夜晚渐渐缩短。故杜甫《至后》诗云:"冬至至后日初长,远在剑南思洛阳。"宋代苏辙《冬日即事》诗云:"寒日初加一线长,腊醅添浸隔罗光。"

中国自古就有先进的历法,二十四节气是中国历的特点。二至、二分的代名词首见于《尚书·尧典》,春秋时期已能准确测定其时刻。其余二十个节气,战国秦汉之间也大体完备。"冬至"也称为"南至""日至""冬节""至节",因为它不仅是

---

① 南回归线:又称冬至线。

"阴极之至",也是"阳气始至",同时也是"日行南至"的节日。《史记·律书》:"日冬至则一阴下藏,一阳上舒。"从冬至开始,不断生长的阴气终于达到顶峰,阳气也终于停止了销蚀,就要回升。冬至阴气盛极而衰,一阳来复,冬至节俗自然围绕着顺阳与助阳的方向展开。自先秦时代以来,自天子王侯有土之君,下及兆民,都信奉"能法天地,顺四时,以治国家,身亡(无)祸殃,年寿永究,是奉宗庙安天下之大礼也。"《汉书·魏相传》记魏相上书云特别是一国之君,只有做到"动静以道,奉顺阴阳",才能"日月光明,风雨时节,寒暑调和"。故,古代冬至节"寝兵鼓,商旅不行,君不听政事"。①《吕氏春秋·仲冬纪》主张君子要在冬至日斋戒,禁绝各种欲望,身心安定,达到身宁事静,以待阴阳的转化,即主张冬至的生活要和肃杀的严冬生态一致。到了汉代,亦规定:"冬至前后,君子安身静体,百官绝事,不听政,择吉辰而后省事。"②南宋陈元靓《岁时广记》引《汉杂事》曰:"冬至阳气起,君道长,故贺。夏至阴气起,君道衰,故不贺。"汉崔寔撰《四民月令》:"冬至之日,荐黍、羔,先荐玄冥,以及祖祢,其进酒肴及谒贺君师耆老,如正日。"汉代贺冬至如同正月初一(正日)过大年一样隆重,汉代官场中不但冬至日有"贺冬"之仪,而且放假休息五天。《易纬通卦验》卷上:"冬至日始,人主不出宫,商贾人众不行者五日,兵革伏匿不起。人主与群臣左右从(纵)乐五日,

---

① (唐)徐坚等著:《初学记》卷四"冬至"条引《五经通义》。
② 《后汉书·礼仪中》,宋范晔撰,唐李贤等注,中华书局,1965年版,第3125页。

天下人众亦在家从（纵）乐五日，以迎日至之大礼。"汉郑康成注："冬至时阳气微，事欲静以得其著定也。必五日者，五土数也，土静故以其数焉。革，甲也。"

《汉书·薛宣传》记载一个名叫张扶的郡吏，因冬至日照常办公，还受到上司薛宣一番训教，其文曰："及日至休吏，贼曹掾张扶独不肯休，坐曹治事。宣出教曰：'盖礼贵和，人道尚通。日至，吏以令休，所由来久。曹虽有公职事，家亦望私恩意。掾宜从众，归对妻子，设酒肴，请邻里，壹笑相乐，斯亦可矣！'"颜师古注"及日至休吏"曰："冬、夏至之日不省官事，故休吏。"这里的"日至休吏"，指冬至节官吏休假回家，同妻子团聚，设酒肴，请邻里，一起欢度节日。

汉代的礼俗为魏晋所沿袭。《宋书·礼一》说："魏晋则冬至日受万国及百僚称贺，因小会。其仪亚于岁旦。"冬至是亚岁，朝贺礼仪略次于元旦。贺冬至在当时是重要的事情。三国王肃《家训》说："贺冬至，言日至冬至而始长，故欢喜。"北齐颜之推《颜氏家训》卷二《风操》比较南北过年习俗忌讳之不同，说："南人冬至、岁首，不诣丧家；若不修书，则过节束带，以申慰。北人至岁之日，重行吊礼。"正因为冬至贺节，故"不诣丧家"，至于北人冬至"重行吊礼"，颜之推认为"礼无明文"，不可效法。

隋朝继承了魏晋以来的传统。隋制的正旦及冬至，文物充庭，皇帝出西房，即御座，皇太子先入贺，然后是群官拜贺。唐及北宋，国家对冬至十分重视，冬至同元旦一样，给予内外官吏七天的假日，远远超过寒食、清明的两天假期。到了南宋，冬至休假改为五天，同于汉朝。南宋陈元靓《岁时广记》引《嘉泰事类·假宁格》："冬至假五日。"又《假宁令》："诸假皆休务。"又《嘉泰事类·军防格》："冬至诸军住教三日。"嘉泰为南宋宁宗赵扩的年号。唐宋元明清均有冬至朝贺之礼，为国家的重要典制。

二·冬至节习俗

祭天、祭祖

1. 祭天

皇帝祭天,就是祭祀天神。《春秋公羊传》僖公三十一年载:"天子祭天,诸侯祭土。"古代祭天是天子一年之中的大事。

祭天的时间,大司徒用土圭日影测量土地的方法来判断冬至的时间。即竖一根直立于地面的杆,太阳位置不同,影子长短与方向不同,可知季节变化和地区方位。夏至日影最短,冬至日影最长,能较正确地测定冬至日期。《史记·天官书》还记载有"悬土炭"定冬至的方法。南朝宋裴骃《史记集解》引孟康注说,在冬至前三天,把土和炭悬在衡[①]的两边,使其平衡,冬至日阳气至则炭重,便失去平衡。

祭天的仪式,据《周礼·春官·大司乐》说:"凡乐,圜钟为宫,黄钟为角,大蔟为徵,姑洗为羽,雷鼓雷鼗,孤竹之管,云和之琴瑟,《云门》之舞,冬日至,于地上之圜丘奏之,若乐六变,则天神皆降,可得而礼矣。"孙诒让《周礼正义》卷四十三曰:"云'冬日至'者,《春秋经》所谓日南至,于周为

[①] 衡:测定物体重量的器具,即秤。

孟春（正月），而云冬者，据夏正中冬月（十一月）。凡此经四时，並用夏正。"故《礼记·月令》乃有孟春之月（正月）"天子乃以元日祈谷于上帝"的记载，影响所及，后世便出现冬至和元日两次祭天习俗。就历朝祭天时间而言，明确采取《周礼》冬至圜丘祭天说并执行的是魏晋南北朝时代。隋唐承继北魏以来的制度，正月、冬至祭祀上帝。宋及明清，继承唐制，于冬至和正月祭祀昊天上帝，而元朝是冬至祭天。冬至时节的祭天活动就是一个特定的天人沟通仪式，历代帝王均将冬至视为盛大的朝仪活动日，冬至节仪被称为"国之大典"，在冬至这天南郊祭天，朝会群臣与各国使节，共贺佳节。关于具体的祭天仪式，宋孟元老《东京梦华录》对北宋冬至祭天仪式记载甚详。

　　古代为什么选择在冬日至（冬至）祭天？《周礼》贾公彦疏曰："礼天神必于冬至，礼地祇必于夏至之日者，以天是阳，地是阴，冬至一阳生，夏至一阴生，是以还于阳生阴生之日祭之也。"圜，象征天体；丘，土之高者为丘。圜丘，即圜形的高土台。贾公彦说：圜丘"取自然之丘者，圜象天圜，既取丘之自然，则未必要在郊，无问东西与南北皆可也。"孙诒让《周礼正义》则认为：圜丘所在，虽无正文，应从阳位，当在国都之南。汉魏诸儒并谓圜丘在南郊。明、清两代帝王祭祀皇天、祈五谷丰登之场所——天坛，也在北京的南郊。

　　清代山西民间亦有祭天的风俗。清康熙二十六年刊山西《阳城县志》："十一月'冬至'，谓之喜冬。官率合属，前一日习仪，五鼓望阙拜贺毕，绅士家亦行拜贺礼。民间止以面饺祀天，遍奉家长。"清光绪八年刊山西《平遥县志》："十一月'冬至'，早祭天以米糕；夜焚纸钱，哭于门外。"

2. 祭祖

在寒风凛冽的时候，人们为了顺利度过新旧交接的时间节点，求助于与自己关系至为密切的祖灵，并且在祭祀祖先的仪礼活动中对族群关系进行了再确认，从而增强家族的凝聚力。

冬至祭祖之俗，早在东汉崔寔《四民月令》中已有记载：冬至节前数日就清洁斋戒，冬至之日，以黍米与羊羔祭祀玄冥之神①与祖宗。冬至祭祖的记载，至宋代多了起来。宋孟元老《东京梦华录》卷十《冬至》："十一月冬至。京师最重此节，虽至贫者，一年之间，积累假借，至此日更易新衣，备办饮食，享祀先祖。官放关扑，庆贺往来，一如年节。"南宋吴自牧《梦粱录》则说，宋人在冬至"祭享宗禋，加于常节"。南宋周密《武林旧事》说："享先则以馄饨，有'冬馄饨，年馎饦②'之谚。"

明清以后民间依然以冬至为祭祖日。在宗族制度兴盛的南方地区，祭祖往往在祠堂进行，清同治十一年刊江西《南康县志》："冬至祀先于祠，省墓如清明。"清光绪十一年刊江苏《丹阳县志》："冬至节，各姓宗祠祀祖，市肆五更敬利市神如年初，爆竹声达旦。谚云：'冬至大于年'。"清同治十二年刊《重修成都县志》："十一月'冬至'，人家祭宗祠，无祠则祭于家。"清道光二十四年补刊四川《金堂县志》："十一月，冬至节，居民多以是日祀其先祖。"清光绪十二年刊四川《增修灌

---

① 玄冥之神：北方水神。
② 馎饦（bó tuō）：指汤饼，面片汤。

县志》:"十一月'长至日',人家祭宗祠,无宗祠祭于家。"

清代北京的旗人在冬至祭"祖宗杆子",祭后亲朋围坐,分吃祭过祖宗的"白肉"。清阙名《燕京杂记》:"燕俗不重冬祭,南人官于京者,设筵祀其先人,邀乡亲饮之。"福建人在冬至节这天,以一种米粉做的团子祭祖,有的还在门口挂两个米团。

贺冬拜节

古人很看重冬至。中古时期年节、寒食、冬至并称三大节。北宋吕原明《岁时杂记》曰:"冬至既号亚岁,俗人遂以冬至前之夜为冬除,大率多仿岁除故事而差略焉。"唐人又以"小岁"称冬至,白居易在《小岁日对酒吟钱湖州所寄诗》中有"一杯新岁酒,两句故人诗"的佳句。

宋人最重冬至,冬至在民间生活中的地位甚至超过了年节,故民间盛行贺冬拜节,互送节物,举杯相庆的风俗,一如后世的新春佳节。北宋吕原明《岁时杂记》:"都城以寒食、冬、正为三大节,自寒食至冬至,中无节序,故人间多相问遗,至献节,或财力不及。故谚语云:'肥冬瘦年'。"北宋周遵道《豹隐纪谈》:"吴门风俗多重至节,谓曰'肥冬瘦年',互送节物。寓官颜侍郎度有诗曰:'至节家家讲物仪,迎来送去费心机。脚钱尽处浑闲事,原物多时却再归。'"南宋吴自牧《梦粱录》卷六《十一月冬至》:"十一月仲冬,正当小雪、大雪气候。大抵杭都风俗,举行典礼,四方则之为师,最是冬至岁节,士庶所重,如馈送节仪,及举杯相庆,祭享宗祂,加于常节。"南宋周密《武林旧事》卷三《冬至》:"朝廷大朝会庆贺排当,并如元正

仪，而都人最重一阳贺冬，车马皆华整鲜好，五鼓已填拥杂遝于九街。妇人小儿，服饰华炫，往来如云。岳祠城隍诸庙，炷香者尤盛。三日之内，店肆皆罢市，垂帘饮博，谓之'做节'。享先则以馄饨，有'冬馄饨，年馎饦'之谚。贵家求奇，一器凡十余色，谓之'百味馄饨'。"

明清时代除郡城和一些大城市外，小城镇和乡村的冬至气氛似乎不如前代热烈。作为大如年的节日，冬至特点之一在于要有交贺活动，拜贺又称拜冬、贺冬。明代刘侗、于奕正著《帝京景物略》卷二《春场》："十一月冬至日，百官贺冬毕，吉服三日，具红笺互拜，朱衣交于衢，一如元旦。民间不尔，惟妇制履舄，上其舅姑。"明代田汝成辑撰《西湖游览志余》卷二十《熙朝乐事》："冬至，谓之亚岁，官府、民间，各相庆贺，一如元日之仪。吴中最盛，故有肥冬瘦年之说。"明清以来方志中记载了各地拜贺或"如元旦仪"的固然不少，但也有相当多的方志说交贺活动只限于士大夫。有的方志还把士大夫和民众做了区别，说士大夫重视贺冬，民众注重祭祖。如明嘉靖刊河南《沈丘县志》说："冬至，各具酒肴以祀其先，士夫中亦有行序拜礼如正旦仪节，谓阳道方亨，君子道长，故贺之，凡民未有行之者。"河南光山、浙江会稽明代所修志则记载了当地不拜贺。清嘉庆十八年刊四川《纳溪县志》："十一月'冬至日'，士夫相拜贺，名曰'拜冬'，民间无节。"民国二十三年刊《乐山县志》也说冬至日仪如元日，"惟士大夫相贺，余则否。"

1. 履长

古代冬至有"履长"之贺，还有儿媳妇向公婆献鞋袜的风俗。

三国魏曹植《冬至献履袜颂表》云："伏见旧仪，国家冬至献履贡袜，所以迎福践长。""亚岁迎祥，履长纳庆。"

隋杜台卿《玉烛宝典》卷十一载北魏崔浩《女仪》言："近古妇以冬至进履袜于舅姑。"此"近古"不知何时，据《中华古今注》说"汉有绣鸳鸯履，昭帝令冬至日上舅姑"，可知此俗，兴起于汉代。北朝仍尚此俗，唐段成式撰《酉阳杂俎》卷一《礼异》云："北朝妇人，常以冬至日进履袜及靴。"明代田汝成辑撰《西湖游览志余》卷二十《熙朝乐事》记吴中冬至："春粢糕以祀先祖，妇女献鞋袜于尊长，亦古人履长之义也。"明谢肇淛《五杂组》："晋魏宫中女工，至后日长一线，故妇于舅姑以是日献履、袜，表女工之始也。"清末此俗仍盛行于北方，如清光绪六年刊湖北《荆州府志》载冬至节，"荆人虽不拜庆，而袜履之献舅姑，仪如北地"。

冬至很早就有了祈寿添岁的民俗，人们在冬至前一夜要守冬，如年节守岁，冬至前夜也因而被称为"冬除"或"除夜"。宋金盈之《醉翁谈录》有"守冬爷长命，守岁娘长命"的说法。老人是家庭的尊长，更要为老人延寿。为老人祈寿的民俗之一，是妇女给家里的长辈奉献新做的鞋袜，古代称之为"履长至"。这种习俗是晚辈在向长辈表示孝心，年轻后辈及时给老人奉上新鞋新袜，帮助老人过冬，但其更重要的是民俗礼仪意义，即旨在通过这样的献履仪式，使老人们在新岁之始，以新的步履与时俱进，健康长寿。因为在古代民俗观念中，人与自然同禀一气，在一阳复始的时节，只要能与自然同步相应，人们就会获得新的生命力。

唐代洛阳人冬至戴一阳巾。明吕毖辑《明宫史》载：冬至节

"宫眷内臣皆穿阳生补子蟒衣"。无论"戴一阳巾",还是"穿阳生补子蟒衣",都与新鞋新袜一样是冬至应节的服饰,它们都带有人们顺阳、助阳的美好意愿。

2. 敬师

汉崔寔《四民月令》载:冬至之日"其进酒肴,及谒贺君师耆老,如元旦"。"师",就是老师。这种冬至节敬师的习俗,一直延续到近代。清同治十三年刊山西《阳城县志》:"十一月'冬至',各塾虔备脯醴祀先师。焚冥镪于先茔。生徒诣馆师叩贺。作酒馔邀贺。"清宣统三年刊陕西《泾阳县志》云:"'冬至',以黄昏祭祖,而读书子弟亦祭先师于塾。延师教子弟者,亦于是日盛馔款塾师,致关聘以订来年之约。"民国九年刊山西《虞乡县新志》:"十一月'冬至'即'冬节'。关门闭户,以养微阳。俗掘蔓菁晒干,以为药物。各村学校于是日拜献先师。学生各备豆腐来献,献毕群饮,俗呼为'豆腐节'。"民国十八年刊山西《翼城县志》:"十一月'冬至',为一阳之首。翼民于是日烹羊炰羔,斗酒自劳,曰'吃头脑'。又旧日学校或家庭聘请教习,均以此日订之。"

3. 饮食

庆贺冬至的食品与冬至服饰一样,也有着顺阳助长的象征意义。冬至节令食品最典型的是馄饨,俗有"冬至馄饨夏至面"的说法。现今四时皆吃的馄饨在过去是冬至的专门食品。宋代流行"冬(至)馄饨,年(节)馎饦[①]"的谚语,特别是"贵家

---

① 馎饦:古代的一种面食。

求奇，一器凡十余色，谓之'百味馄饨'"（南宋周密《武林旧事》），可见馄饨品种的多样。冬至节吃馄饨在唐代已经流行，日本圆仁撰《入唐求法巡礼行记》卷三记载唐文宗时日本国僧人入唐，见到冬至日人们吃馄饨和果子。北魏贾思勰著《齐民要术》有"馄饨"的记载，北齐人颜之推说："今之馄饨，形如偃月，天下通食也。"①可知似是今之饺子。

明代仍有冬至吃馄饨的习俗。在北方，明嘉靖刊河南《尉氏县志》载："十一月'冬至'拜庆，近'元旦'礼仪。吃馄饨，男女家迨节如端午。"在北京，十一月吃用糟腌的猪蹄尾、鹅的肫掌、羊肉馅的扁食、馄饨②。馄饨和扁食（饺子）相对，说明这里的馄饨类似于今天的馄饨。清代冬至吃馄饨的习俗仍保留。清乾隆十六年刊浙江《萧山县志》记载："十一月'冬至'，用糯米粉、麦面裹肉馅相遗。"可知馄饨内包肉馅，其皮是糯米粉和麦面。清乾隆十二年刊河南《荥阳县志》"岁时民俗"条记："十一月'冬至'，祭始祖于家祠，荐馄饨，合族会食。"清富察敦崇撰《燕京岁时记·冬至》："冬至郊天令节，百官呈递贺表。民间不为节，惟食馄饨而已。与夏至之食面同。故京师谚曰：'冬至馄饨，夏至面。'"富察敦崇按语认为："夫馄饨之形有如鸡卵，颇似天地混沌之象，故于冬至日食之。"即古人认为馄饨形如鸡卵，颇似阴阳未分时的一团混沌。在阳气始生的冬至日，人们食用馄饨，以模拟的巫术形式，破除阴阳包裹的混沌状态，资助阳气生长。冬至食馄

---

① （唐）段公路：《北户录》卷二"浑沌饼"条崔龟图注引。
② （明）刘若愚：《酌中志》卷二〇，北京古籍出版社，1994年版。

饨是为了破阴释阳，夏至食粽是为了剥阳释阴。民间还因馄饨谐音混沌，意即糊涂不开窍，于是说吃掉馄饨，"可益聪明"。

在南方除浙江个别地方外，馄饨用于祭祀和饮食基本上是北方的习俗。民国二十三年刊河南省《淮阳乡村风土记》曰："十一月：冬至节，家多煮食水饺，盖谓食此可保获（护）耳朵不致冻掉也。"可能以为饺子形似耳朵，此乃远古模拟巫术在民间信仰民俗中之遗留。在以米食为主的南方，饮食另有传统。南朝荆楚地区冬至吃赤豆粥，这是一种有特殊攘疫功用的节令食品。明代方志记载，江南地区冬至以"花糕"祀先，饮分冬酒。明嘉靖刊江苏《太仓州志》说，花糕在冬至前期用"糖粉"所制，"亲朋馈送"，分冬酒是"里巷相与会饮"。清代苏州地区有以"冬至团"祀先、馈遗习俗，其制法是："比户磨粉为团，以糖、肉、菜、果、豇豆沙、芦菔丝等为馅。"[1] 以"糕"和"团"祀先和食用的习俗也流行于江浙一些地区。清道光二十三年刊江苏《武进、阳湖县合志》："十一月'长至'食面。谚

| 冬至前煮赤豆粥

---

[1]（清）顾禄撰、王迈校点：《清嘉录》，江苏古籍出版社，1999年版。

云：'夏至馄饨冬至面。'吴门最重。"

四川地区在冬至这天多杀猪、做腊肉和香肠。清光绪十二年刊《增修灌县志》讲冬至日"乡村于是日多宰割猪只和盐置诸瓮内，十余日取出熏干，谓之'腊肉'，以为来年宴客、饷农之费。"这种肉历久不腐，民间又称之为"冬至肉"。清宣统三年傅崇矩编《成都通览·成都之民情风俗》云："冬至日祭祖，杀猪腌过年肉，或装香肠。"民国十六年刊《简阳县志》说，此日还可将猪肉细切，和以椒盐、香料纳于小肠中，谓之"装酿肠"，熏干食之，味尤香美。1983年铅印本《武阳镇志·岁时民俗·十一月》：农历十一月某日为"冬至"。"冬至"前一天称为"小冬"，"冬至"这一天称为"大冬"。是日有句俗语："冬至不割肉，枉在世上活。"故有钱人家都于此日腌腊肉、装香肠等准备过年。据说此日以后割的肉，不流油，不腐坏，故新中国成立后，"冬至"腌腊肉的习俗仍然沿袭下来。

近代以来四川人过冬至节盛行吃羊肉。民国十八年刊《合江县志》："十一月'冬至日'贺节，置酒迎长，食羊肉或杀年猪。"民国十三年刊《江津县志》："十一月'冬至'：'至日'，邑俗多市牛羊肉煮而食之，谓可以壮体温。按，先王至日闭关。严寒之时，塞向墐户，无所事事，惟酒食是议；终岁劳动，借饮食宴乐以相慰。羔羊、醇酒之俗，其来盖古也。"《诗·豳风·七月》曰："九月[①]肃霜，十月[②]涤场。朋酒斯

[①] 九月：周历为十一月，夏历为十月。
[②] 十月：周历为十二月，夏历为十一月。

饗，曰杀羔羊，跻彼公堂，称彼兕觥，万寿无疆！"即是说，岁末杀羊祭祖是从上古沿袭下来的传统风俗。明代吕毖辑《明宫史》火集《饮食好尚》记明宫十一月："此月糟腌猪蹄尾、鹅肫（zhūn）掌。喫炙羊肉、羊肉包、扁食馄饨，以为阳生之义。"所谓"阳生之义"，即冬至阳气生长之义。"羊"谐音"阳"，人们认为吃羊肉不仅可以暖和身体，而且还能够资助阳气生长。

冬至吃狗肉，也是传统的习俗。狗肉热性，滋补身体。成都旧时有"吃了狗肠，（热得）不穿衣裳；吃了狗肝，（热得）不穿衣衫"的俗语。

同是南方，广东冬至食俗又有奇特之处。广东民间过冬至节，多食鱼脍，又名鱼生，即生鱼片。粤谚云："冬至鱼生，夏至狗肉。"清同治十年刊广东《番禺县志》："十一月，'冬至'曰'亚岁'，食鲙为家宴'团冬'。"清人屈大均《广东新语》卷十四《食语·鲝脍》称广东人喜食鲝脍："粤西善为鱼鲝①，粤东善为鱼脍。有宴会，必以切鱼生②为敬。食必以天晓时空心为度。每飞霜锷，泡蜜醪，下姜蒌，无不人人色喜，且餐且笑。"冬至日食脍，别有意义。清光绪十六年刊广东《花县志》："是日多食鱼脍，云可益人。"清光绪二十年刊广东《高明县志》说："冬至食鱼脍，厌阳气。"民国十四年刊广东《四会县志》称：冬至"食鱼生以助阴气"。或曰鱼脍（鱼生）性寒，冬至天暖才食鱼脍，如遇天寒，则"打边炉"。民国十六年

---

① 鱼鲝（zhǎ）：经加工制作便于贮藏的鱼食品，如醃鱼、糟鱼之类。
② 鱼生：粤俗，以鱼之鲜活者，洗净薄切为片。浸于老醪，加以椒芷，或沃以姜醋等五味食之，谓之鱼生。

刊广东《东莞县志》引《南海志》云："冬至遇风寒，多具'骨董羹'待客，谓之'边炉'。其法，具暖炉以鱼、肉、蚬、菜杂煮，环坐而食。按，莞俗谓之'打边炉'。"广东冬至食俗，除食脍而外，尚有"以粉团供馔，谓之'团冬'""用冬笋汤丸馈冬""作冬糍祀祖""裹米为丸[①]，祭始祖贺冬"等名目繁多的冬至粉糍食品。清光绪九年增刊广东《饶平县志》说："十一月'冬至节'，亦谓之'亚节'。俗粉糯米为丸汤荐祖先，长幼食，谓之'添岁'。"

数九

从冬至日数起，所谓"连冬起九"，每九天为一九，至九九八十一天而寒尽，春回大地，天气变暖，这叫"数九"。这是中国老百姓计算寒暑变化的一种方法，表达盼望春天的心情。很早以来，各地民间都流传着许多因地制宜，反映本乡本土气象物候的《九九消寒歌》或曰《冬至九九歌》《数九歌》。各地的《九九歌》既是时令俗谚，也是反映劳动人民生活的歌谣。如：

成都《冬至九九歌》："一九二九，怀中插手。三九四九，冻死猪狗。五九六九，沿河看柳。七九六十三，过路行人把衣担。九九八十一，庄稼老汉田中立。"

苏州《冬至九九歌》："一九二九，相唤弗出手。三九廿七，篱头吹觱栗。四九三十六，夜眠如露宿。五九四十五，穷汉街头舞；不要舞，不要舞，还有春寒四十五。六九五十四，苍蝇

[①] 裹米为丸：即以冬叶包粽。

垛屋枕。七九六十三，布衲两肩摊。八九七十二，猫狗躺湆地。九九八十一，穷汉受罪毕。刚要伸脚眠，蚊虫獦蚤出。"①

北京《冬至九九歌》："一九二九，相逢不出手。三九四九，冰上走。五九四十五，穷汉街前舞。七九六十三，路上行人着衣单。"②

"数九"风俗最早见于南朝梁宗懔《荆楚岁时记》一书，曰"俗用冬至日数及九九八十一日为寒尽"，说明至迟在南北朝时期已有"数九"风俗。

唐诗中不乏歌咏"数九"习俗风俗的诗句。如，薛能《汉庙祈雨回阳春亭有怀》诗云："九九已从南至尽，芊芊初傍北篱新。"

宋代关于"数九歌"的诗文就更多了。苏辙《冬至日作》："似闻钱重薪炭轻，今年九九不难数。"北宋韩琦《和崔谏议诗》："五九寒须伴腊梅。"北宋吕原明《岁时杂记》："鄙俗自冬至之次日数九，凡九九八十一日，里巷多作九九词。"又云："九尽寒尽，伏尽热尽。"南宋陆泳《吴下田家志》："冬至前后，泻水不走。一九二九，相唤不出手。三九二十七，篱头吹觱篥（bì lì）。四九三十六，夜眠如鹭宿③。五九四十五，太阳开门户。六九五十四，贫儿争意气。七九六十三，布衲两头担。八九七十二，猫狗寻阴地。九九八十一，犁耙一齐出。"

---

① （清）顾禄：《清嘉录》卷十一，江苏古籍出版社，1999年版。
② （清）潘荣陛：《帝京岁时纪胜·十一月·消寒图》，北京古籍出版社，1983年版。
③ 鹭宿：好像鹭鸟夜宿在沙洲上一样。杜甫《漫成一首》："江月去人只数尺，风灯照夜欲三更。沙头宿鹭联拳静，船尾跳鱼拨剌鸣。"其意境可联想。

元代出现"九九图"。元杨允孚《滦京杂咏》:"试数窗前九九图,余寒消尽煖回初。梅花点遍无余白,看到今朝是杏株。"自注:"冬至后,贴梅花一枝于窗间。佳人晓粧,日以胭脂涂一圈,八十一圈既足,变作杏花,则煖回矣。"杨允孚说"贴梅花一枝于窗间",可能是真梅花,到了明代变成"画素梅一枝"。

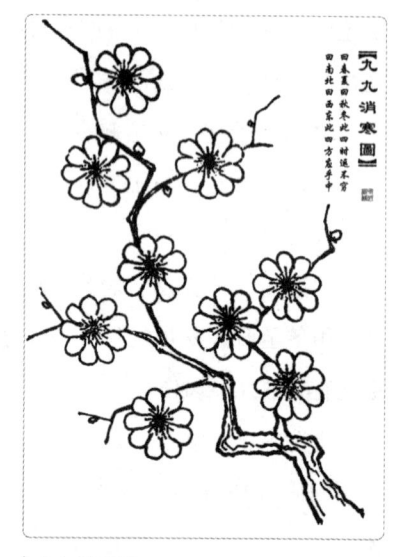

|九九消寒图

明刘侗、于奕正著《帝京景物略》:"日冬至,画素梅一枝,为瓣八十有一,日染一瓣,瓣尽而九九出,则春深矣,曰'九九消寒图'。有直作圈九丛,丛九圈者,刻而市之,附以九九之歌,述其寒煖之候。歌曰:'一九二九,相唤不出手。三九二十七,篱头吹筚篥。四九三十六,夜眠如露宿。五九四十五,家家堆盐虎。六九五十四,口中呵暖气。七九六十三,行人把衣单。八九七十二,猫狗寻阴地。九九八十一,穷汉受罪毕。才要伸脚睡,蚊虫虼蚤出。'"

清潘荣陛《帝京岁时纪胜·十一月·消寒图》:"至日数九,画素梅一枝,为瓣八十有一,日染一瓣,瓣尽而九九毕,则春深矣,曰九九消寒之图。傍一联曰:'试看图中梅黑黑,自然门外草青青。'谚云:'一九二九,相逢不出手。三九四九,冰上走。五九四十五，穷汉街前舞。七九六十三，路上行人着衣单。'都门天时极正：三伏暑热，三九严寒，冷暖之宜，毫发不爽。盖为帝京得天地之正气也。"清富察敦崇《燕京岁时记·十一月·九九消寒图》："消寒图乃九格八十一圈。自冬至起，日涂一圈，上阴下晴，左风右雨，雪当中。"

由九九消寒图，发展演变出清代文人雅集的"九九消寒会"。清阙名《燕京杂记》："冬月，士大夫约同人围炉饮酒，迭为宾主，谓之消寒社。好事者联以九人，定以九日，取九九消寒之义。余寓都冬月，亦结同志十余人，饮酒赋诗，继以射，继以书画。至十余人，事亦韵矣。主人备纸数十帧，预日约至某所，至期，各携笔砚，或山水，或花卉，或翎毛，或草虫，随意所适。其画即署主人欵，写毕，张于四壁，群饮以赏之。如腊月砚冻不能画，留春暖再举。时为东道者，多邀集陶然亭，游人环座观之，至有先藏纸以求者。"此风绵延至民国年间，尚有余响。民国十六年刊江苏《瓜洲续志》载：冬至节，"例作'九九消寒图'，记阴晴雨雪。文人轮值作'九九消寒会'，饮酒赋诗。"

腊月风和意已春

腊日、腊八

岁事告成，八蜡报勤。
——晋·裴秀《大腊》

腊月风和意已春，时因散策过吾邻。
今朝佛粥更相馈，更觉江村节物新。
——宋·陆游《十二月八日步至西村》

农历十二月谓之腊月，腊为祭名，岁终祭众神之名。周代腊与蜡各为一祭，腊祭祖先，蜡（zhà，同禘）祭百神。秦汉改为腊。《说文》：「腊，冬至后三戌，腊祭百神，从肉巤声。」腊，本读为卢盍切，与猎同音同义。郑玄注《月令》曰：「腊，谓以田猎所得禽祭也。」《风俗通》曰：「腊者，接也，新故交接，大祭以报功也。」腊祭之日，为腊日。周以今农历十月为岁终之月，故腊日在孟冬之月。汉后行夏历，以十二月为岁终之月，故腊节在十二月。腊字原有，读为xī，意为乾肉。腊令简化为腊，遂失本义。腊日，为腊月祭祀百神之日。南朝梁宗懔《荆楚岁时记》：「十二月八日为腊日。」

从先秦起，腊祭是向百神报告「年丰物阜」，感谢百神保佑，使得农业大获丰收。此外，还要举行驱鬼逐疫求吉利的仪式，古代叫驱傩。从宋代开始，受佛教影响，祭祀众神的腊日演变为庆贺佛祖诞辰的浴佛日，民间谓之腊八节。

一·腊日习俗

腊祭

蜡（zhà）、腊（là）在周代是年终岁末的两个祭祀活动，腊祭祖先，蜡祭百神。隋杜台卿撰《玉烛宝典》："蜡者报百神，腊者祭先祖，同日而异祭也。"蜡是报谢与农事相关的诸神，在野外举行，年成不顺的地方不举行蜡祭；腊是祭祀先祖，在宗庙里举行，不会因年成不顺而废止。可见上古的蜡祭实际是庆丰收报赛[1]节日，形同狂欢节，场面异常热烈。《礼记·杂记下》记孔子的学生子贡观看了年终蜡祭的狂欢活动，孔子问他快乐否。子贡回答："一国的人都像疯子一样，我不知道这有什么快乐。"孔子说："人民辛苦了一年，才滋润这一天，其中道理不是你所能了解的。"

战国时期，以"腊"统称蜡、腊二祭。秦国也继承着中原的腊祭，秦惠文王十二年（公元前326年），"初腊"[2]。唐张守节撰《史记正义》曰："十二月腊日也。秦惠文王始效中国

---

[1] 报赛：古农事完毕后举行的祭祀。《周礼·春官·小祝》："将事侯禳祷祠之祝号。"《疏》："求福谓之祷，报赛谓之祠。"《诗·周颂·丰年集传》："此秋冬报赛田事之乐歌，盖祀田祖、先农、方社之属也。"
[2] 汉·司马迁撰《史记·秦本纪》，中华书局，1959年版。

为之,故云初腊。猎禽兽以岁终祭先祖,因立此日也。"秦始皇三十一年(公元前216年)十二月,始皇为求仙术,更名腊曰"嘉平",用恢复夏代腊祭的名号来求取长生之术。汉代改嘉平为腊,周朝重视的"腊先祖五祀"的腊祭内容,在汉代礼教政治的背景下重新受到社会的重视。腊祭在汉代同样是岁终大祭,但已不像上古三代那样作为朝廷大礼。腊日在汉代民众生活中有着特殊的地位,它融入逐渐形成的岁时节日体系之中,成为重要的民俗节日,人们主要把它作为一个民俗节日进行祭祀庆祝。

汉朝民间的腊祭突出宗族伦理的内容,祭祀先祖,团聚宗族。汉刘向《列女传·鲁之母师》记述了一位寡母"腊日休家作",在自家的"岁祀礼事"结束后,又赶到娘家,因为娘家人"多幼稚,岁时礼不理",她回家的目的是要帮助家人行祭祀祖先之礼。可见腊日祭祀是当时家庭普遍遵循的节俗项目。即使是贫困的人,腊日亦要设法祭祀先人。

人们在腊日期间休息、团聚。汉朝的郑玄十二岁时,随母回家,"正腊宴会,同列十数人,皆美服盛饰,语言闲通"[1],场面热闹;严延年任官洛阳,其母从东海来,"欲从延年腊",过完腊祭正日,才回东海[2]。腊日是欢聚的节日,即使是囚徒也有可能假释回家过节,虞延任淄阳令时,"每至岁时伏腊,辄休遣囚各归家"[3]。《史记·天官书》记述了西汉时腊节的情形,

---

[1] (唐)欧阳询:《艺文类聚》卷五引《郑玄别传》,上海古籍出版社,1982年版。
[2] (汉)班固:《汉书·严延年传》,中华书局,1962年版。
[3] (唐)徐坚:《初学记》卷二十引《陈留耆旧传》,中华书局,1962年版。

"腊明日，人众卒岁，一会饮食，发阳气，故曰初岁"。东汉时腊日依旧是庆祝日，"岁终大祭，纵吏民宴饮"①。民间的宴饮习俗从汉代至唐代不辍。

先秦时代以田猎所得禽兽作为腊日祭品。秦汉祭以猪、羊。羊豕之祭在周代是士人之礼，秦汉以后为一般庶民所用，其中腊日用羊成为汉代腊祭的特色。汉代腊日用羊，是一种习惯，其源于古代社会的求吉心理。西汉民间"岁时伏腊，烹羊炰羔"②。《说文解字》："羊，祥也。"羊、阳音同，羊代表阴阳之阳，也是吉祥之祥。

馈遗

腊日节朝廷有赏赐官吏之举。东汉建武年间（公元25—56年）每到腊日赏赐每位博士一只羊，有一位叫甄宇的博士为了解决分羊时大小肥瘦的矛盾，主动择取瘦羊，因此称誉为"瘦羊甄博士"③。此后通常的赏赐品是钱、牛肉、粳米、羊等。唐代逢腊日，君长要赏赐臣下头膏、面脂、口脂、澡豆等洁面化妆用品及红雪、紫雪、小散、中散等药。宋吴曾撰《能改斋漫录·腊日赐口脂》："《景文龙馆记》：'三年腊日，帝于苑中召近臣赐腊。晚自北门入，于内殿赐食，加口脂。腊脂盛以翠碧镂牙筒。'故杜子美《腊日》诗云：'口脂面药随恩泽，翠管银罂下九霄。'王建《宫词》云：'月冷天寒近腊时，玉街金瓦

---

① （汉）蔡邕：《独断》，上海商务印书馆，1925年版。
② 《汉书·杨恽传》。
③ 《艺文类聚》卷九十四引《东观汉记》。

雪漓漓。浴堂门外抄名入，公主家人谢口脂。'皆言腊日赐口脂也。"唐人韩鄂《四时纂要》一书记载了据说是太平公主秘法的面药制法。该书还记载了腊日用品中面脂和澡豆的配制方法。澡豆的作用是用来洗手洗面，使之光泽。

宋代腊日不仅朝廷有赐口脂面药之举，而且北宋都城"寺院送面油与门徒"，"闾巷家家互相遗送"①。南宋则盛行赏赐腊药，《武林旧事》卷三"岁晚节物"条记载："腊日赐宰执、亲王、三衙从官、内侍省官并外阃、前宰执等腊药，系和剂局造进及御药院特旨制造银合。"受此影响，"医家亦多合药剂，侑以虎头丹、八神、屠苏，贮以绛囊，馈遗大家，谓之'腊药'。"

逐除

《吕氏春秋·季冬纪》载：季冬之月，"命有司大傩②，旁磔，出土牛，以送寒气。"汉代高诱注："大傩，逐尽阴气为阳导也。今日腊岁前一日，击鼓驱疫，谓之逐除是也。"汉代腊日逐除，即先秦沿袭下来的岁末驱傩仪式。《周礼·夏官·方相氏》："方相氏掌蒙熊皮，黄金四目（四目铜面具），玄衣朱裳，执戈扬盾，帅百隶而时难（傩），以索室殴（驱）疫。"郑玄注："时难，四时作方相氏以难（傩）却凶恶也。"四时皆有驱疫仪式，尤以岁末季冬之月规模最大，故曰"大傩"。

为什么要在岁末驱傩？晋司马彪撰《后汉书志·礼仪中》梁

---

① （宋）孟元老等著：《东京梦华录》（外四种），上海古典文学出版社，1956年版，第61页。
② 傩：音nuó，古时腊月驱除疫鬼的仪式。

刘昭注引《汉旧仪》曰："颛顼氏有三子，生而亡去为疫鬼。一居江水，是为虐鬼；一居若水，是为罔两①蜮②鬼；一居宫室区隅，善惊人小儿。"因此汉代宫廷有盛大的逐疫之傩。据《后汉书志·礼仪中》记载，其仪式是：选中黄门子弟年十岁以上，十二岁以下一百二十人为侲子③。皆赤帻④皂制⑤，执大鼗⑥鼓。有人扮方相氏，黄金四目，蒙熊皮，玄衣朱裳，执戈扬盾。还有人衣毛角装十二兽，逐恶鬼于禁中（皇宫中）。中黄门领歌，侲子和。方相氏和十二兽狂蹈，众人不断呐喊呼噪，前后四周搜索驱赶三遍，然后手持火把，送疫鬼出端门；门外驺骑传递火把出宫，司马阙门外五营骑士接传火把，最后将火把抛弃于洛水之中。"百官官府各以木面兽能为傩人师讫，设桃梗、郁垒、苇茭毕，执事陛者罢。苇戟、桃杖以赐公、卿、将军、特侯、诸侯云。"东汉皇宫中的这一岁末逐疫礼仪继承了先秦时代的驱傩礼俗，提炼了汉代民间逐疫风俗。

　　民间的岁末傩仪，虽没有皇家如此气派，但同样隆重、热闹。先秦"乡人傩"，孔子朝服而观。晋朝时荆州人因驱傩发生斗殴，荆州刺史不得不派军人维持秩序。可见民间驱傩的规模也不小。南朝梁宗懔《荆楚岁时记》记载了南朝长江中游地区的腊日风俗，说当时有"腊鼓鸣，春草生"的谚语。人们系细腰鼓，

---

① 罔两：传说山川中的精怪。也作"罔阆""魍魉""蝄蜽"。
② 蜮：古代传说一种能含沙射人，使人发病的动物。亦称"短狐"。
③ 侲子：侲，音zhèn，善也；侲子，善童、幼童之意。
④ 赤帻：帻，音zé，束发的头巾；赤帻，赤色头巾。
⑤ 皂制：制，丧服；皂制，黑色的衣服。
⑥ 鼗，音táo，犹今之拨浪鼓。

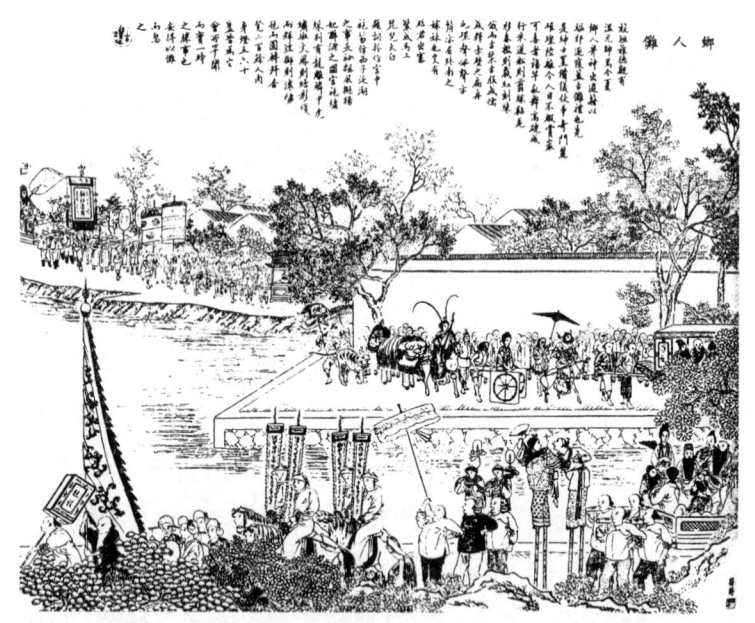

乡人傩　晚清《点石斋画报》

戴胡公头，扮作金刚力士以逐疫。民间戴胡公头，当是与方相一脉相承的。腊鼓鸣者，意在惊疫鬼。宋程大昌《演繁露·腊鼓》："湖州土俗，岁十二月人家多设鼓而乱挝①之，昼夜不停，至来年正月半乃止。问其所本，无能知者。但相传云：此名打耗。打耗云者，言警去鬼祟也。"

南北朝以后，驱傩活动逐渐渗入了游戏的性质，《梁书·曹景宗传》说曹氏"腊月于宅中，使作野虖逐除，遍往人家乞酒食"。"野虖"，《南史·曹景宗传》作"邪呼"。"野虖""邪呼"并状众欢叫声，词异而义同，后世谐音讹作"野

---

① 挝：音zhuā，敲打，击。

狐""夜胡"。

宋孟元老《东京梦华录》卷十《十二月》云:"自入此月,即有贫者三数人为一火,装妇人神鬼,敲锣击鼓,巡门乞钱,俗呼为'打夜胡',亦驱祟之道也。"南宋吴自牧《梦粱录》卷六《十二月》:"自入此月,街市有贫丐者三五人为一队,装神鬼、判官、钟馗小妹等形,敲锣击鼓,沿门乞钱,俗呼为'打夜胡',亦驱傩之意也。"

清代江南腊月间民间"跳灶王",也是类似于宋代"打夜胡"这种驱傩逐疫形式。清顾张思《土风录》卷一《跳灶王》:"腊月丐户装钟馗、灶神,到人家乞钱米,自朔日至廿四日止,名曰'跳灶王'。按:即古之大傩,见《月令》。"

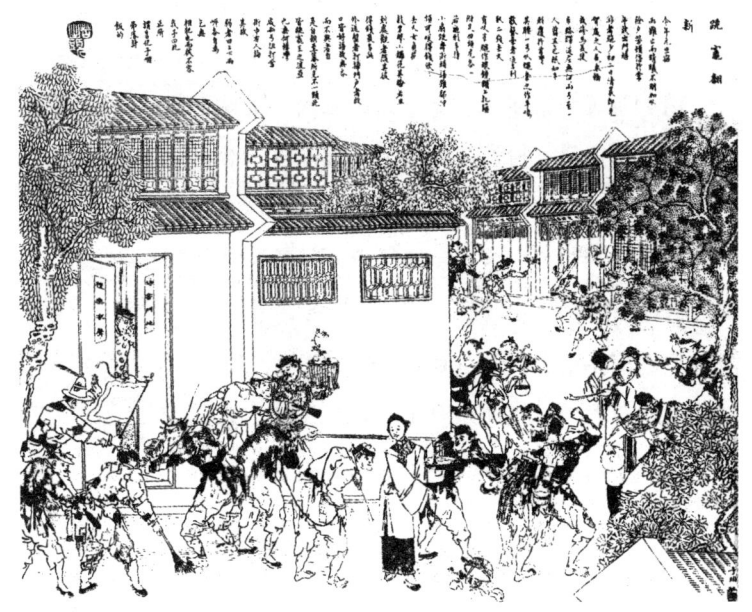

| 跳灶翻新　晚清《点石斋画报》

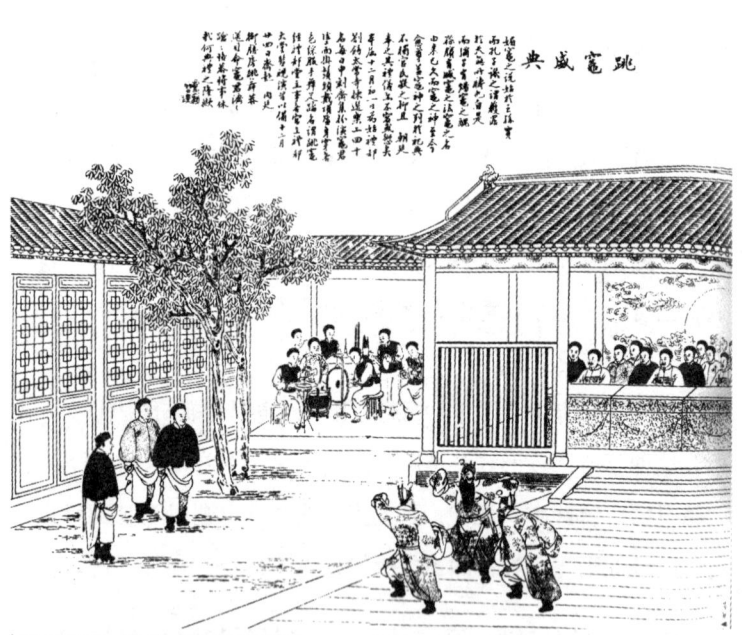

跳灶盛典　晚清《点石斋画报》

清顾禄《清嘉录》卷十二《十二月·跳灶王》："月朔。乞儿三五人为一队，扮灶公灶婆，各执竹枝，噪于门庭以乞钱，至二十四日止，谓之跳灶王。"案引清褚人穫《坚瓠集》云："今吴中以腊月一日行傩，至二十四日止，丐者为之，谓之跳灶王。"《昆新合志》又谓之"保平安"，"户各舍米，升合不等。"

这时的傩仪已渐变为傩戏，每至腊月，乡村、都市都有人例行舞傩，贫者还扮成神鬼模样，敲锣击鼓、以此为岁末乞讨的方式，但它始终具有驱避疫邪的原始意味。

腊水、腊肉、腊酒等

明冯应京《月令广义》卷二十《十二月令·贮神水》引《救

人方》称腊日之水为神水,说:"腊中贮水,来年治一切疾病,制饮食,腊八日水尤神。"因此,自古以来就有在腊日贮腊水、制腊肉、酿腊酒等习俗,人们相信在腊日前后做的食物经久不坏。明嘉靖《洪雅县志》载,腊八日"收水酿酒,腌六畜肉"。民国二十三年刊《乐山县志》记,腊八日"造酒及醯与豆豉,贮水待用,谓其不败"。清光绪六年刊湖北《荆州府志》说腊月"人家汲水贮盎,谓之腊水,酿秫曰腊酒,盐脯曰腊肉,盖亦《周礼》之昔酒,《大易》之腊($xī$)肉也"。

可知制作腊酒、腊肉习俗由来已久,先秦时代已然。唐代韩鄂《四时纂要》卷五《冬令卷·十二月》记载了造腊酒、干腊肉的方法。造腊酒是在腊日打取一石水,盛入不渗漏的瓮器中,浸入三斗曲末,投下四斗熟米饭。到了来年正月十五日和二月二日先后分别再投下三斗米饭,过了四月二十八日打开。酿酒时让酒瓮露着瓮身,这样停放到三伏天不坏。干腊肉的制作方法,是用牛、羊、獐、鹿的肉,在五香调料中浸渍二夜,再用加入葱和花椒的清盐汤猛火煮肉,煮熟后取出挂在阴凉地方,过夏不坏,出远门可以作为下干粮的菜肴。

江南一些地区的腊酒又称为三白酒和桃花酒。明万历二十八年刊浙江《嘉兴府志》载浙江嘉兴地区,"是月(十二月)酿秫作酒,煮而藏之,曰'煮酒'。先期用纯白面作曲,并白米、白水,名'三白酒'。"清光绪二十年刊浙江《嘉善县志》说:"其随时而酿者,曰'莲花白'。"清光绪十二年刊浙江《平湖县志》说,如果于春月在腊酒中放桃瓣少许,又称为"桃花酒",村酿曰"腊白"。

二·腊八节

腊八节由来

中国古代的腊日节庆，至唐宋受佛教影响，演变为"腊八节"。汉化佛教以腊月八日为佛祖释迦牟尼成道日，所以腊八节在佛家又名成道节，这一天在佛寺有许多纪念活动，这些活动中特别喝腊八粥一项，逐渐普及民间，成为大众化的民俗活动。

南朝梁宗懔《荆楚岁时记》有"及作金刚力士以逐疫"句，有人说"金刚力士"，即手执金刚杵守护佛法的天神，说明南朝梁时，民间腊日节俗事象中已受佛教的影响。此说欠妥。藏传佛教始有的"金刚杵""金刚舞"，十六世纪末才传入中原地区。《荆楚岁时记》中的"金刚"，指五行金气。《晋书·地理志上》："梁者，言西方金刚之气强梁，故因民焉。"此书的"金刚力士"，应该还是戴着"黄金四目"面具的逐疫人。又有人引宋李昉等撰《太平御览》卷二七引《荆楚岁时记》有"十二月八日沐浴转除罪瘴"一条，说明《荆楚岁时记》时，民俗已受佛教影响，亦欠妥。我们认为，这还是殷商时代就有的"沐浴祓除"礼俗。

腊八节习俗

1. 浴佛

浴佛,以水灌佛像,行浴礼。《譬喻经》记载归佛的"六师"向佛说:"佛以法水洗我心垢,我今请僧洗浴以除身秽,仍为常缘也。"南北朝时期每年四月八日为佛祖诞辰,寺庙均有浴佛之举,至唐乃有腊月八日浴佛的活动。唐诗中有腊月八日寺庙浴佛的记载,如孟浩然《腊月八日于剡县石城寺礼拜》一诗云:"石壁开金像,香山倚铁围。下生弥勒见,回向一心归。竹柏禅庭古,楼台世界稀。夕岚增气色,余照发光辉。讲席激谈柄,泉堂施浴衣。愿承功德水,从此濯尘机。"反映的正是唐代十二月八日佛教寺院浴佛的情景。

北宋时期仍盛行十二月八日浴佛的习俗,宋孟元老《东京梦华录》卷十"十二月"条说:"初八日,街巷中有僧尼三五人,作队念佛,以银铜沙罗或好盆器,坐一金铜或木佛像,浸以香水,杨枝洒浴,排门教化。诸大寺作浴佛会。"宋代吕原明《岁时杂记》说,当时南方皆用四月八日灌佛,北人专用腊月八日。宋代以后,浴佛这一习俗主要在四月八日进行,而且进一步深入到人民的生活中。到了清代,百姓人家浴佛亦有腊月者,而僧寺则四月为多。

2. 腊八粥

北宋十二月八日的重要风俗是吃腊八粥,不仅寺院,民间也流行吃腊八粥。宋人庄绰撰《鸡肋编》卷上云:"宁州腊月八日,人家竞作白粥,于上以柿、栗之类,染以众色为花鸟象,更相送遗。"宋孟元老《东京梦华录》卷十"十二月"条说:"诸大寺作浴佛会，并送七宝五味粥与门徒，谓之'腊八粥'。都人是日各家亦以果子杂料煮粥而食也。""七宝五味粥"，"七宝"是指制作粥的材料，而"五味"是说加以各种香料"五味俱全"。南宋吴自牧《梦粱录》卷六"十二月"条："此月八日，寺院谓之'腊八'。大刹等寺，俱设五味粥，名曰'腊八粥'；亦设红糟，以麸乳诸果笋芋为之，供僧，或馈送檀施①、贵宅等家。'"说明南宋寺院已经把十二月八日叫作"腊八"。据南宋周密《武林旧事》卷三"岁晚节物"条记载，可知南宋时代杭州寺院和民间的腊八粥是用胡桃、松子、乳蕈、柿、栗之类制成。

十二月八日吃腊八粥的习俗也和佛教有关。佛教把十二月八日作为释迦牟尼悟道成佛之日。据说此前的六年苦行中，他每月仅食一麻一米，导致身形消瘦，濒临死亡，于是喝了一个牧羊女奉献的一碗粥，如受甘露。当时，他说："我为成熟一切众生，故食此食。"喝过粥之后，"身体光锐，气力充足，堪受菩提。"②因此佛门弟子于腊八成道节施粥宣传佛主苦行修道。从宋孟元老《东京梦华录》中可知，佛教寺院是在作浴佛会的同时送粥与门徒，因施粥在腊月八日，所以称腊八粥。而后来浴佛竟被施粥所掩，人们以吃腊八粥作为腊八节的内容，浴佛之俗渐淡，至明代，浴佛会代之以念佛会。

元代北京"宫苑以八日佛成道日，煮腊八粥"，而且京城人"士庶有力之家，丰杀不同，馈送相尚"③。明清时期食腊八

---

① 檀施：施主之意。
② （梁）僧祐：《释迦谱》。
③ 《析津志辑佚·岁纪》。

粥的风俗更进一步普及。明人吕毖辑《明宫史》火集《饮食好尚·十二月》描述明宫中吃腊八粥："初八日，吃'腊八粥'。先期数日，将红枣捶破泡汤，至初八早，加粳米、白果、核桃仁、栗子、菱米煮粥，供佛圣前；户牖、园树、井灶之上，各分布之。举家皆吃；或亦互相馈送，夸精美也。"明冯应京《月令广义》卷二十《十二月令·腊八粥》云："今俗，于腊月八日，以诸谷米果煮粥相馈，谓逼邪、祛寒、却疾毒。"

清代南北方吃腊八粥，越来越讲究，关于腊八粥的成分也发生了一些变化。以北京和苏州为例：

清潘荣陛《帝京岁时纪胜·十二月·腊八》："腊月八日为王侯腊，家家煮果粥。皆于预日拣簸米豆，以百果雕作人物像生花式。三更煮粥成，祀家堂门灶陇亩，合家聚食，馈送亲邻，为腊八粥。""王侯腊"系道家的说法，明谢肇淛《五杂组》卷二《天部二》云："道家有五腊，正月一日为天腊，五月五日为地腊，七月七日为道德腊，十月一日为民岁腊，十二月腊日为王侯腊。"

清富察敦崇《燕京岁时记·腊八粥》："腊八粥者，用黄米、白米、江米、小米、菱角米、栗子、红江豆、去皮枣泥等，合水煮熟，外用染红桃仁、杏仁、瓜子、花生、榛穰、松子，及白糖、红糖、琐琐葡萄，以作点染。切不可用莲子、扁豆、薏米、桂元，用则伤味。每至腊七日，则剥果涤器，终夜经营，至天明时则粥熟矣。除祀先供佛外，分馈亲友，不得过午。并用红枣、桃仁等制成狮子、小儿等类，以见巧思。按，《燕都游览志》：十二月八日，赐百官粥。民间亦作腊八粥，以果米杂成之，品多者为胜。今虽无百官之赐，而朱门馈赠，竞巧争奇，较之古人有过之无不及矣。"

苏州腊八粥的特点是"以菜果入米煮粥"。清顾禄《清嘉录》卷十二《十二月·腊八粥》："八日为腊八，居民以菜果入米煮粥，谓之腊八粥。或有馈自僧尼者，名曰佛粥。"

在四川，有的地区制作腊八粥的原料除了果品，还有蔬菜、荤腥之物等。如清咸丰四年刊《云阳县志》云：十二月，"朔八日，用米面杂果蔬、荤腥之物煮为粥食之，名为'腊八粥'。"民国二十三年刊《华阳县志》："十二月八日，俗谓'腊八'。人家多用各色豆、米、菜、果合煮，间有杂以鸡、鱼、猪肉，谓之'腊八粥'。"这也反映了民间风俗的流变。

四川很多县志，都说吃'腊八粥'乃古腊祭之意。如：

清嘉庆二十年刊《温江县志》："十二月八日为'地腊辰'。邑人以肉、豆、枣、栗等物入米熬粥，谓之'腊八粥'，祀神及祖先，亦古腊祭之意。"清道光三年刊《隆昌县志》：十二月，"八日，煮糯米、五色豆及枣、栗等物为糜，亦有合鸡、猪、鱼、肉者，曰'腊八粥'。祀神及祖先，举家食之，亦古腊祭之意也。或曰是日释氏谓之'浴佛节'，寺僧煮粥结缘，俗因之。"（清道光六年刊《綦江县志》同）清同治六年刊《巴县志》：十二月"八日，煮糯米、五色豆及枣、栗等物为糜，曰'腊八粥'，祀神及先，举家食之，亦古腊祭之意。"

川西北与陕西毗邻的县，还有说吃腊八粥系受秦俗影响，清嘉庆二十年刊《三台县志》：十二月"八日煮粥，以五色豆谷杂菜果投其中，合家食之，名'腊八粥'。俗传地藏菩萨入地狱救母,和此粥馈与母食,鬼惧不敢夺。此秦俗也,今蜀亦然。"清同治十二年刊《直隶绵州志》:十二月"八日煮粥,以五色豆谷杂菜果投其中,合家食之,名'腊八粥'。此秦俗也,今蜀亦然。"民国九年刊《绵竹县志》:十二月"八日,食'腊八粥'。是日以诸米豆杂菜肉作粥,互相馈送,食余少许以饲果树,预祈结实繁茂。"

此是人间祭灶时

祭灶、祭灶前后

谁能却学痴儿女,深夜潜烧祭灶香。
——宋·刘克庄《岁晚书事十首》

欲知相府生辰日,此是人间祭灶时。
——宋·孙纬《献寿》

灶神,也称灶君(《战国策·赵策三》),唐以来民间又称之为灶王(唐李廓《镜听词》:「匣中取镜辞灶王,罗衣掩尽明月光。」),灶王是中国民间信仰最普遍的神,上自天子,下至庶民,家家户户都要供奉。岁末腊月祭灶的习俗,尤为人熟知,它是中国人传统的生活方式不可或缺的一部分。

一·灶神的来源

灶是烹饪食物的专门场所。东汉许慎《说文解字》曰："灶，炊灶也。"清段玉裁注："炊者，爨也；灶者，炊爨之处也。"即，烧火做饭的地方叫灶。东汉刘熙《释名·释宫室》说："灶，造也，创造食物也。"生冷的食料要变成美味可口的食品，离不开灶火。中国人很早就发明了炊事灶具，据宝鸡福临堡仰韶遗址发掘报告，仰韶文化时期中国就有了构思精巧的釜灶，双釜与灶连体，且共一个火门，灶顶设有八个排烟。[①]现在一些乡村还沿用的炊灶形制在汉代已广泛流行。民以食为天，从原始石烤到"瓦鬲煮食"，再到釜鼎烹调，灶火之功确实很大。人们对关系密切的日常生活事物，往往有特殊的情感，在神灵信仰流行的上古时代，人们自然将它们奉为神明。神是人们精神活动的产物，灶神的出现，以及将灶神看作居家火神，合乎当时人的心理。

祀灶神在先秦列为国家的五种祀典或七种祀典之一。五祀，殷商时已出现，《礼记·曲礼》郑玄注："五祀：户、灶、中霤、门、行（道路之神）也，此盖殷时制也。"《礼记·月

[①]《宝鸡福临堡遗址1984年发掘简报》，《考古与文物》1987年第6期。

令》曰："其祀户。"又曰："其祀灶""其祀中霤""其祀门""其祀井"。故班固撰《白虎通义》卷二《五祀》曰："五祀者,何谓也?谓门、户、井、灶、中霤也。所以祭何?人之所处出入,所饮食,故为神而祭之。"为什么《曲礼》和《月令》所言五祀有"行"和"井"两祀之差异?大概是《曲礼》和《月令》两篇各自所采材料的来源不同。据傅斯年先生考证,《曲礼》这篇东西的材料"大约多是先秦,然也有较后的痕迹。"而《月令》这篇整齐的论夏正,"应该是汉初阴阳家的典籍。"①《礼记·祭法》："王为群姓立七祀,曰司命,曰中霤,曰国门,曰国行,曰泰厉,曰户,曰灶。"又说："庶士、庶人立一祀,或立户,或立灶。"《论语·八佾》："与其媚于奥②,宁媚于灶。"炊灶,同百姓的生活关系密切,故祭灶神很早就成了民间的一项重要祭祀活动。

古代灶神,最初以为是火神炎帝、祝融。《淮南子·氾论训》："故炎帝于火,死而为灶。"东汉应劭《风俗通义》卷八《祀典》引古《周礼说》："颛顼③氏有子曰黎,为祝融,祀以为灶神。"炎帝为火德之帝,祝融为火官之神,故同有灶神之说。炎帝为三皇之一、祝融为五帝之一,按祭法,当用燔柴燎祭于四郊,祭火神于灶陉,不合古礼。故《礼记·礼器》曰："夫奥者,老妇之祭也,盛于盆,尊于瓶。"郑玄注："奥,当为爨

---

① 傅斯年:《中国古代文学史讲义》,欧阳哲生主编《傅斯年全集》第二卷,湖南教育出版社,2003年版,第100页、102页。
② 奥:屋内西南角的神。
③ 颛顼:音zhuān xū,古帝名,五帝之一。相传为黄帝之孙、昌意之子,号高阳氏。

字之误。""老妇，先炊者也。"据郑注，求《礼器》文意，即是说：爨祭，祭的对象是原先有功于炊事的老妇之神，祭祀的时候只是将食物放在盆里，酒盛在瓶里，怎么能用燔柴的方式祭她呢？其实火神炎帝和祝融，都是人格化的自然神，人类由于对火的崇拜，而将炎帝和祝融视为灶神，有着久远的历史。把有功于炊事的老妇之神视为灶神，应该是母系社会产生的信仰民俗。进入封建社会后，灶神为"老妇"的说法，不太符合男权意识的需要，于是灶神的性别，由女性逐渐变成男子，相貌亦从"老妇""红衣美女"变成"状如美女"的男子，元代以后变成黑面黑须黑衣冠的灶王。

《庄子·达生》借齐国方士皇子告敖的口说："灶有髻"。晋司马彪注："灶神，其状如美女，著赤衣，名髻也。""其状如美女"，即是说灶神是貌如美女的男子。

《史记·孝武本纪》记载李少君以祀灶、谷道、却老之方博得汉武帝的尊敬。李少君鼓吹祀灶可以致物，而使丹沙化为黄金，以黄金器皿饮食则长生不死。在方士的鼓动下，武帝开始亲自祀灶。另一个方士齐人少翁以鬼神方见汉武帝，"少翁以方术盖夜致王夫人及灶鬼之貌云，天子自帷中望见焉。"武帝自帷中望见的灶鬼（灶神）何等模样？《史记》未说。唐司马贞《史记索隐》引如淳注："祠灶可以致福。"又引晋司马彪注《庄子》云："髻，灶神也，如美女，衣赤。"

传说为西汉淮南王刘安编纂的《淮南万毕术》中出现了"灶神晦日归天，白人罪"的传说。东汉郑玄注《礼记·祭法》时，提出七祀之司命、中霤、国门、国行、泰厉、户、灶诸神有司过的职能。郑玄说：这七个神"非大神所祈报大事者也"，而是"小神居人间司察小过作谴告者尔"。具体主管是："司命主督察三命，中霤主堂室居处，门、户主出入，行主道路行作，厉主杀罚，灶主饮食之事。"王国维《东山杂记》卷一《司命与灶》说："古者司命之祀有二。《周礼·大宗伯》'以槱（yǒu，聚集）燎祀司中、司命'，盖即《史记·天官书》'文昌六星，四曰司命'，此乃天神，《楚辞》所谓大司命是也。《祭法》'七祀''五祀'皆司命居首，郑注曰：'此小神，居人间，司察小过作谴告者。'又云：'司命主督察三命'，此与户灶诸神，俱为小神，《楚辞》所谓小司命是也。"唐孔颖达《疏》注"三命"曰："案《援神契》云命有三科：有受命以保庆，有遭命以谪暴，有随命以督行。受命谓年寿也，遭命谓行善而遇凶也，随命谓随其善恶而报之云。"

司命主督察三命的职能，到了魏晋时代，道教徒便挂到了灶神头上。灶神不但有司过功能，而且能向上天告发人，夺其寿算。晋葛洪《抱朴子内篇》卷六《微旨》："按《易内戒》及《赤松子经》及《河图记命符》皆云，天地有司过之神，随人所犯轻重，以夺其算，算减则人贫耗疾病，屡逢忧患，算尽则人死，诸应夺算者有数百事，不可具论。……又月晦之夜，灶神亦上天白人罪状。大者夺纪，纪者，三百日也。小者夺算。算者，三日也。吾亦未能审此事之有无也。"

南朝梁宗懔《荆楚岁时记》引许慎《五经异义》云："颛顼有子曰黎，为祝融火正。祝融为灶神，姓苏名吉利，妇姓王名抟颊。"《通俗编》卷十九引许慎《五经异义》云："灶神姓苏，

名吉利。或云姓张，名单，字子郭。其妇姓王，名抟颊，字卿忌。"

隋杜台卿撰《玉烛宝典》卷十二引《灶书》："灶神，姓苏名吉利，妇名抟颊。"

《后汉书·阴识传》唐李贤注引《杂五行书》曰："灶神名禅，字子郭，衣黄衣，夜被（披）发从灶中出，知其名呼之，可除凶恶。宜市猪肝泥灶，令妇孝。"

唐段成式《酉阳杂俎》卷十四记载："灶神名隗，状如美女。又姓张名单，字子郭。夫人字卿忌，有六女皆名察（一作祭）洽。常以月晦日上天白人罪状，大者夺纪，纪三百日，小者夺算，算一百日。故为天帝督使，下为地精。己丑日，日出卯时上天，禺中（日近午）下行署，此日祭得福。其属神有天帝娇孙、天帝大夫、天帝都尉、天帝长兄、硎上童子、突上紫宫君、太和君、玉池夫人等。一曰灶神，名壤子也。"这无疑是唐代的道教徒搞出的一张灶神谱，它不但将先秦民间信仰中一个主炊事的小神提升为天帝下派的督察使，而且天帝还安插了亲属（天帝娇孙、天帝长兄）亲信（天帝大夫、天帝都尉）担任灶神的属神，另外还有本来就安插在各家各户的卧底，如"硎①上童子、突②上紫宫君、太和君、玉池夫人③"这些主管磨刀切菜、烧火冒烟、口舌是非的小特务。这么严密的一张监视各家各户的蛛网，是封建专制集权国家强化管理措施在道教神谱上的反映。

---

① 硎：音xíng，指磨刀石。
② 突：指烟囱。
③ 玉池夫人：《黄庭内景经》为玉池太和宫。

从上引东汉许慎《五经异义》至唐段成式《酉阳杂俎》所记灶神皆为男性，或披发，状如美女的男性，而且在许慎所处的时代，灶神不但由女神变成了男神，而且有了配偶。至唐末段成式撰《酉阳杂俎》，灶神还有了子女。但无论灶神如何变化，他始终离不了女性的陪伴。女性形象的不易抹去，和传统信仰有关，也与女性在居家生活中的家务分工有关。由于腊日祀灶与季冬行傩有关，后世人们又称灶神夫妇为傩公傩婆，也叫灶王爷和灶王奶奶。

　　王国维说，唐宋之际，原本分祀的司命（小司命）和灶神合而为一，证据就是此时出现的《太上感应篇》已称灶神为"司命灶君之神"。宋孟元老《东京梦华录》亦云：十二月二十四日，帖灶马于灶上，以酒糟涂抹灶门，谓之醉司命，则北宋时确已谓灶神为司命。自此以后关于神仙传说的书，如元秦子晋撰《新编连相搜神广记》，明刻本《绘图三教源流搜神大全》中的灶神都称"司命灶神"。"司命灶神"的称谓，意味着兼有司命掌寿夭和灶神司功过两种功能。从汉代至宋代，灶神从"主饮食之事"的小神转变成家族守护神。

二·祀灶的习俗

先秦两汉盛行夏日祭祀灶神。

先秦有五祀之祭,其中之一有祀灶。汉班固《白虎通义》卷二《五祀》:"祭五祀,天子诸侯以牛,卿大夫以羊,因四时祭牲也。一说户以羊。灶以鸡。中霤以豚。门以犬。井以豕。或曰:中霤用牛,不得用牛者用豚。井以鱼。"

《礼记·月令》说:"仲夏之月,日在东井,昏亢中,旦危中。其日丙丁。其帝炎帝,其神祝融。其虫羽。其音徵,律中蕤宾。其数七。其味苦,其臭焦。其祀灶,祭先肺。"

《晋书》卷十九《礼志上》载:汉朝兴起,到汉武帝,"以李少君故,始祀灶",并规定"立夏祀灶"。东汉朝廷规定国家祀灶是在季夏的六月。晋司马彪撰《续汉书·礼仪志中》:"立夏之日,夜漏未尽五刻,京都百官皆衣赤,至季夏衣黄,郊。其礼:祠特,祭灶。"

为何要在炎夏祀灶?汉班固撰《白虎通义》卷二《五祀》说:"夏祭灶。灶者,火之主,人所以自养也。"夏天因火而长养万物,灶为火之主,祭灶神是人自己长养的方式。

魏晋以后,民间流行腊日(农历十二月初八日)祭灶,根据是阴子方腊日见灶神的神话故事。

东汉应劭撰《风俗通义》卷八《祀典》引《汉纪》:"南阳阴子方积恩好施,喜祀灶,腊日晨炊,而灶神见,再拜受神,时有黄羊,因以祀之。其孙识,执金吾,封原鹿侯。兴卫尉,鲖阳侯。家凡二侯,牧守数十。其后子孙常以腊日祀灶以黄羊。"

晋干宝《搜神记》卷四收录了这个神话故事,文字略异,云:"汉宣帝时,南阳阴子方者,性至孝,积恩好施,喜祀灶。腊日晨炊,而灶神形见。子方再拜受庆。家有黄羊,因以祀之。自是已后,暴至巨富,田七百余顷,舆马仆隶,比于邦君。子方尝言:'我子孙必将强大。'至识三世,而遂繁昌。家凡四侯,牧守数十。故后子孙常以腊日祀灶,而荐黄羊焉。"

南朝宋范晔撰《后汉书》卷二十三《阴识传》整合了《汉

| 祭祀灶神　　[日]青木正儿、内田道夫编《北京风俗图》

纪》和《搜神记》关于阴子方腊日见灶神的异文,云:"宣帝时,阴子方者,至孝有仁恩,腊日晨炊而灶神见,子方再拜受庆。家有黄羊,因以祀之。自是已后,暴至巨富,田有七百余顷,舆马仆隶,比于邦君。子方常言'我子孙必将强大',至识三世而遂繁昌,故后常以腊日祀灶,而荐黄羊焉。"这个神话故事,经过长期流传,至南朝梁代,腊日祭灶便蔚然成风。晋周处《风土记》又云:"腊月二十四日夜,祀灶,谓灶神翌日上天,白一岁事,故先一日祀之。"一方一俗,难以备述。值得注意的是,明清时期腊月二十四祭灶则肇端于此矣!

南朝梁宗懔著《荆楚岁时记》:"其日(腊日),并以豚酒祭灶神。"以后,虽然有些时候,有的地方讲究夏日祭灶,那只是残存的古俗,并非常态。例如,清顾禄撰《清嘉录》卷六记载,嘉庆、道光年间,苏州地区,每年农历六月"初四、十四、念四日,比户祀司灶,谓之谢灶。谚云:'三番谢灶,胜做一坛清醮。'祀时以米粉作团,素羞四簋,俗称谢灶素菜。"《清嘉录》卷十二又载:十二月二十四日夜送灶。

南宋陈元靓《岁时广记》卷三十九引北宋吕原明《岁时杂记》云:"十二月二十四日,谓之交年节。"又曰:"旧俗以为七祀及百神,每岁十二月二十四日新旧更易,皆焚纸币,诵道佛经呪,以送故迎新,而为禳祈云。"俞樾《茶香室三钞》卷一《交年节》:"按:此即交年之义也。今人但于二十四日送灶,不知百神皆受代矣。"宋孟元老《东京梦华录》卷十"十二月"条:"十二月,……二十四日交年,都人至夜请僧道看经,备酒果送神,烧合家替代钱纸,帖灶马于灶上。以酒糟涂抹灶门,谓之'醉司命'。"南宋吴自牧《梦粱录》卷六《十二月》："二十四日，不以穷富，皆备蔬食饧豆祀灶。此日市间及街坊叫买五色米食、花果、胶牙饧、箕豆，叫声鼎沸。"南宋周密《武林旧事》卷三"岁晚节物"条："二十四日，谓之'交年'，祀灶用花饧米饵，及烧替代及作糖豆粥，谓之'口数'。"

这里值得注意，关于祭灶供品的变化。东汉祭灶用黄羊（狗），南朝梁祭灶用豚（猪）和酒。北宋苏东坡《纵笔》诗云："明日东家当祭灶，只鸡斗酒定膰吾。"宋代因为把腊月二十四定为"交年节"，"至夜请僧道看经，备酒果送神"，祭灶供品时用酒果、蔬食、饧豆。但也并非完全素食供品，南宋范成大《祭灶词》："古传腊月二十四，灶君朝天欲言事。云车风马小留连，家有杯盘丰典祀：猪头烂热双鱼鲜，豆沙甘松粉饵团。男儿酌献女儿避，酹酒烧钱灶君喜。婢子斗争君莫闻，猫犬触秽君莫嗔；送君醉饱登天门，杓长杓短勿复云，乞取利市归来分！"

南宋范成大《祭灶词》不但点明了祭灶的时间是腊月二十四，原因是灶君上天言事，各家男主人为之饯行，奉献的供品除云车风马供灶神代步之用外，荤素兼备的供馔有猪头、鲜鱼、豆沙粉饵团、烧酒，另外还送了钱。如此热情丰厚的打点，殷切的嘱咐和叮咛，目的是希望灶神不要家长里短、多言多语乱汇报，如能讨得吉利、好运气回来，大家都沾光。这种贿赂神灵的行为，也是现实生活的反映。从此以后，每年祭祀灶神的时间和祭品的丰俭规格，纵然各地有一些变异，但祀灶民俗的固定程式，在南宋时期基本奠定。

明冯应京《月令广义》卷二十《十二月令·日次》云：二十四日，"燕城俗，刻马印为灶马，市民竞鬻，焚之灶前，为送灶君上天。别具小糖饼奉灶君，具黑豆寸草为秣马具，合家少长罗拜，祝曰：辛甘臭辣，灶君莫言。至次年元旦，又具如前，为迎新灶。"

周作人《关于送灶》引《月令广义》文开头为："燕俗，图灶神锓于木，以纸印之，曰灶马，士民竞鬻，以腊月二十日焚之，为送灶上天。"。孙殿起辑、雷梦水编《北京风俗杂咏》选张朝墉《燕京岁时杂咏》中咏燕京祭灶诗曰："纸旛甲马列厨东，司命遄行薄醉中。天上去来才七日，凡人无此大神通。"作者自注："《月令广义》：燕俗，图灶神以纸印之，曰灶马，腊月廿四日焚之，谓送灶。具黑豆、寸草为秣马具，次年元旦，乃迎灶归。"

笔者的引文见于哈佛燕京学社汉和图书馆1940年1月15日入藏的明万历壬寅（1602年）本《月令广义》，应是作者冯应京（1555—1606年）逝世前四年刊印的比较早的版本，比较可信。周作人、张朝墉以及李家瑞《北平风俗类徵》上册《岁时》所引《月令广义》文字，显然都是随意删节整理过的，最大的破绽是"灶马"。祭灶的"灶马"，早期不是灶神（灶君、灶王）像，而是刻的灶神上天乘骑的马。例如：

南宋范成大《祭灶词》亦无灶神的偶像，而只见"云车风马"，即神灵的车马。明沈榜编著《宛署杂记》卷十七《上字·民风一·土俗》记明代北京十二月祭灶："坊民刻马形印之为灶马，每年十二月二十四日，农民鬻以焚之灶前，谓为送灶

二六三

君上天。别具小糖饼，奉灶君。具黑豆寸草宛许为养马具，群一家少长罗拜，即嘱之曰：辛甘臭辣，灶君莫言。至次年初一日，则又具如前，谓为迎新灶。"亦是"刻马形印之为灶马"。尽管明代《绘图三教源流搜神大全》中已出现一幅白描木刻司命灶神像，但民间祭灶所用，还只是灶神的坐骑灶马，而不是灶神偶像。至清代灶神偶像正式出现在祭灶仪式中，因此清代的灶马的含义也由灶神的坐骑变成了灶神神像。清阙名《燕京杂记》："十二月击羯鼓，或谓之腊鼓，又谓之迎年鼓。初八日，累米果至百煮粥。二十四日，刻灶马祀灶，以板印灶神于纸，谓之灶马，祀后焚之。"

明刘侗、于奕正著《帝京景物略》卷二《春场》曰：明代北京十二月"二十四日，以糖剂饼、黍糕、枣栗、胡桃、炒豆祀灶君，以槽草秣灶君马，谓灶君翌日朝天去，白家间一岁事。祝曰：'好多说，不好少说。'《（礼）记》称灶老妇之祭，今男子祭，禁不令妇女见之。祀余糖果，禁幼女不令得啖，曰啖灶余，则食肥腻时口圈黑也。廿五日，五更焚香楮，接玉皇，曰玉皇下查人间也。竟此日，无妇妪詈声①。三十日五更，又焚香楮送迎，送玉皇上界矣，迎新灶君下界矣。"廿四灶君上天奏本，廿五玉皇马上下界调查核实情况，而且一待就是五天，要除夕之夜才回去，如此美化玉皇，显然是凡间帝王的投影。"竟此日，无妇妪詈声"，看来无论是灶君奏本，还是玉皇下界核查，都是针对成年累月围着灶台转的家庭妇女而来。更有甚者，明代明确

---

① 詈声：詈，音lì；詈声，即骂声。

归定男子祭灶，不准妇女祭，开启了后世"女不祭灶"的先例。在父系家长制社会里，男人是家长，不但垄断了主外的权力，也掌管人神交往的大事，主祭灶神成了男人的特权。

明代祭灶是否全用素食斋供呢？明冯应京《月令广义》卷二十《十二月令·日次》云："祀灶之仪有用牲者，而通俗惟斋供过半。今按，太常用牲礼而古人有黄羊、白鸡、猪首之祀，况疢疾资百味，而祀灶独斋供乎？"

明代南方祭灶也在腊月二十四日，祭灶仪式同北方差不多，但市井之间有"跳驱傩"、僧道送"交年疏"①等节庆活动。

明田汝成辑撰《西湖游览志余》卷二十《熙朝乐事》："十二月二十四日，谓之交年，民间祀灶，以胶牙饧、糯米花糖、豆粉团为献。丐者涂抹变形，装成鬼判，叫跳驱傩，索乞利物。人家各换桃符、门神、春帖、钟馗、福禄、虎头、和合诸图，粘贴房壁。买苍术、贯众、辟瘟丹、柏枝、彩花，以为除夕之用。自此街坊箫鼓之声，铿鍧②不绝矣。僧道作交年疏、仙术汤，以送檀越，医人亦馈屠苏袋、同心结、及诸品汤剂于常所往来者。"

清代祀灶有"官三、民四、蛋家五"的说法。即官府在腊月二十三日，一般民家在二十四日，水上人家则在二十五日祀灶。据《清史稿·礼三》记载："惟十二月二十三日，宫中祀灶以为常。"可知"官三"的说法是事实。二十四日民间祭灶是宋以来

---

① 交年疏：指灶疏。
② 铿鍧：音kēng hōng，拟声词。

祀灶采风　晚清《点石斋画报》

的传统，毋庸置疑。水上人家一般居住于福建、广东等地，上述这些地区从明代开始就是在二十五日祀灶，这种习俗也传承至清。清代祭灶改期主要是在嘉庆、道光以后自北而南变为二十三日的，祭灶时间提前到二十三日是受到了清王朝祭灶时间的很大影响。

清潘荣陛《帝京岁时纪胜》云：十二月，"廿三日更尽时，家家祀灶，院内立杆，悬挂天灯。祭品则羹汤灶饭、糖瓜糖饼，饲神马以香糟炒豆水盂。男子罗拜，祝以遏恶扬善之词。妇女于内室，扫除炉灶，以净泥涂饰，谓曰挂袍，燃灯默拜。"

清崇彝《道咸以来朝野杂记》：十二月，"二十三日，为祭灶君日,所谓东厨司命也。皆于上灯后祀神,以糖瓜、糖块及什锦南糖为供品。直至除夕夜间接神,始竣此一年之事。古之所称'黄羊祀灶'者,久已夫不见此典矣。"

清富察敦崇《燕京岁时记》:十二月"二十三日祭灶,古用黄羊,近闻内廷尚用之,民间不见用也。民间祭灶惟用南糖、关东糖、糖饼及清水草豆而已。糖者所以祀神也,清水草豆者所以祀神马也。祭毕之后,将神像揭下,与千张、元宝等一并焚之。至除夕接神时,再行供奉。是日鞭炮极多,俗谓之小年下。谨按《日下旧闻考》:京师祀灶仍沿旧俗,禁妇女主祭。其祀期用二十三日,惟南省客户用二十四日,如刘侗所称也。"

清代南方以苏州为代表,多在腊月二十四日祭灶。

清顾禄撰《清嘉录》卷十二《十二月·念四夜送灶》:"俗呼腊月二十四夜为念四夜,是夜送灶,谓之送灶界。比户以胶牙饧祀之,俗称糖元宝。又以米粉裹豆沙馅为饵,名曰谢灶团。祭时妇女不得预。先期,僧尼分贻檀越灶经,至是,填写姓氏,焚化禳灾。篝灯载灶马,穿竹箸作杠,为灶神之轿,舁神上天,焚送门外,火光如昼。拨灰中篝盘未烬者,还纳灶中,谓之接元宝。稻草寸断,和青豆,为神秣马,具撒屋顶,俗呼马料豆。以其余食之,眼亮。"

北宋祭灶"以酒糟涂灶门,谓之醉司命",让灶神沉醉不醒,耽误上天奏本的大事,不得言主人之过。南宋以来,祭灶便有用胶牙饧作供品的习俗。胶牙饧,用麦芽或谷芽混同其他米类原料熬制而成的黏性软糖,今称"饴糖",俗称"麦芽糖",成都人叫"麻糖"。范成大《吴郡志》:"二十四日祀灶,用胶牙饧，谓膠其口，使不得言。"

宋代以来，俗传灶神骑神马上天言事，《清嘉录》不但为灶神准备了秣马料①，而且格外为灶神准备了神轿。神轿的形制：篝灯糊以木刻灶神像，穿两根竹筷子作抬杠，即成"灶神之轿"。《清嘉录》卷十二《十二月》"灯挂挂锭"条又云："厨下灯檠，乡人削竹成之，俗名灯挂。买必以双，相传灯盘底之凹者为雌，凸者为雄。居人既买新者，则以旧灯糊红纸，供送灶之用，谓之善富。"案引杨辛父《送灶词》注："江、震风俗，以朱漆竹檠为灶神舆，名之曰善富。"吴穀人《新年杂咏》小序云："杭俗，名竹灯盏曰善富。因避灯盏盏字音，锡（赐）名燃釜，后又为吉号，易燃釜为善富。腊月送灶，则取旧灯载印马，穿竹箸，送之。"

民国年间，中国南北仍盛行每月朔、望②祭灶，腊月送灶的风俗。民国二十四年刊河北《阳原县志》载："灶神：民间各供灶神于厨下。每月朔望，具香楮③肃拜，三跪三叩。神像系一男一女，其职司在察各家琐事。每于腊月二十三日归天呈报，故是日为祭灶神节。家供米糖、草豆，米糖以糊神口，草豆以饲马匹。迷信之深，今不稍衰。"

四川送灶一般在腊月二十三、二十四两天。据四川方志载，各地送灶时间，或二十三日，或二十四日，仪式丰俭颇为不一。如：

---

① 马料：指稻草寸断和青豆。
② 朔：指每月初一，望指每月十五。
③ 香楮：指香蜡钱纸。

清嘉庆二十一年刊《华阳县志》："十二月二十四日，扫舍宇，沿街鬻灶神、灶马及灶糖'祀灶神'，有于前一夕者。前后数日内，人家以米粉和糖，木盒范成饼，用小铁锤击之，曰'打米酥'，比户皆然，声震闾巷。此风相沿最久。"

清同治十二年刊《重修成都县志》："十二月二十三日，是夜人家燃香烛，设饴饧、酒脯'祀灶'。"

民国二十三年刊《华阳县志》：十二月"二十三、二十四两日，人家'祭灶'，曰送灶神上天。沿街卖灶疏、灶马、灶糖。"

| 灶神　夹江年画

清宣统三年傅崇矩编《成都通览·成都之民情风俗》云："腊月，二十三、二十四日，焚灶诉（疏），祭灶用果品、白麻糖、茶酒、灶马。"清末周询《芙蓉话旧录》卷四《度岁》："十二月二十三为祀灶期，俗虽有官三民四之说，然实无此限制。通城以廿三祀灶者居大多数。是日自上灯以迄子、丑间，爆竹之声，蝉联不绝。"

清乾隆四年刊《雅安府志》："十二月，二十四日或二十三日曰'小除'，俗云'过小年'。燃灶灯，如'上元'祀灶神，俗云送灶神上天，用鸡、果、糍糕、馄饨诸品物，以糖为饼，云粘住灶神齿，勿令说人间是非。又剪草和豆盛于旁，云灶神马料。先日，僧道家送年疏并灶料（科）为祀灶之用。"

清嘉庆二十年刊《温江县志》："十二月二十四日，旧传灶神上天奏事，先于二十三日夜，各具香花、酒果、灯烛、饧糖、钱楮致祭。"

清道光二十年刊《江油县志》："十二月二十四日祭灶，张灯烛，通街辉煌，爆竹声至夜。乡村二十三、二十四两日祭，有'衿三民四'之谚。盖民终岁勤勤，于焉少憩，对灶神而祈福，炳香楮以迎祥，时和岁稔，称盛事焉。"

清道光二十四年《金堂县志》："十二月二十四日，扫舍宇，燃锅灯，以饴糖'祀灶'，送神上天，亦有用二十三日者。"

清嘉庆二十年刊《三台县志》：十二月，"二十三日'祀灶'，俗云送灶神上天。献雄鸡及果食、茶酒各品物，以糖为饼，曰'灶糖'，谓粘灶神齿，勿令说人间是非。又剪草和豆盛

于旁,云'灶神'马料,亦有次日'祀灶'者。

清同治五年刊《万县志》:"(十二月)二十四日为'小年'。二十三日'送灶',谓灶君登天也;'除夕''接灶',谓返自天也。祭用果品及饴糖,谓之'灶糖'。又于灶中(前)置米、豆、茶、盐少许,祭毕洒灶中,又断稻草同洒入,谓之'祀灶马'。"

民国二十八年刊《巴县志》:"十二月,二十三、二十四两日'祀灶'。县俗恒以二十三日夜初,涤釜渝莽,曰'净茶',设香楮、饧糖,又以莝①、豆为秣马,具填灶疏,祭告于厨,燃灶灯,曰送灶君上天。按,祭灶当是报先炊之义。"

四川祭灶仪式,各地稍有差异。原因在于清初以来,大量移民入川,五方杂处,各地风俗在川交汇融合,自然呈现风俗大同小异的格局。

---

① 莝:铡碎的草。

三·祭灶前后

传统祭灶前后到除夕这期间，还有许多民俗活动，值得一谈。

1. "倒牙"

腊月十六日，名曰"倒牙"。何谓"倒牙"？中国自古以农立国，生活艰苦，民风淳朴，勤俭节约。平时饭食以菜蔬为主，难得吃一顿肉食。《孟子·梁惠王上》说，先秦时代的黎民要满七十岁，才能"衣帛食肉"，而统治者则天天吃肉，被称为"肉食者"，《左传》所谓"肉食者鄙"。以四川为例，直至近代，一般人家也只在每月初二、十六才各食肉一次，谓之"打牙祭"。牙祭的来历，据说是古代有这样一个制度：每月初二、十六，军营中必杀牲以祭牙旗，祭旗后牙沾其润，人得食肉，即谓之"打牙祭"。"打"者，即动词的"为"字。又据民国三十六年刊《新繁县志》云："县俗，工商家于每月之初二、十六具肉食劳其佣作、学徒，谓之'牙祭'。《拾慧录》引叶石林谓，节度使藏节之节堂，每于朔望之次日祭之，号牙祭日。按，'衙'古作'牙'，度必用祭余饷其衙役，后遂沿用于市肆。倒牙者，谓牙祭于是日终止也。人家皆匆匆备年事，街衢则

| 别岁　晚清《点石斋画报》

各物罗列，市者往复阛阓①间，谓之'办年货'，至'除夕'乃已。"民国二十三年刊《华阳县志》：十二月"十六日，俗曰'祷（倒）牙'，商工多于是日结束。"民国三十一年刊《西昌县志》说，新年正月初二日，则曰"起牙"。民国十六年刊四川《广安州新志》云："十二月。十六日，商贾家牲醴祀神，畅饮，曰'倒牙'，次年正月十六如之，曰'起牙'。"正月初二，还在过年期间，天天吃肉，商工亦还在休息期间，不存在起不起牙的问题。而正月十五大年过完，十六起牙较为顺理成章。

---

① 阛阓：音 huán huì，指街市。

2. 打扬尘

打扬尘，北方叫"扫舍"，江南叫"打埃尘"，就是祭灶以后至腊月三十这段时间，家家户户，里里外外大扫除，做卫生，干干净净准备过新年。这个良好的风俗，宋代就有了。南宋吴自牧《梦粱录》卷六："十二月尽，俗云'月穷岁尽之日'，谓之'除夜'。士庶家不论大小家，俱洒扫门间，去尘秽，净庭户，换门神，挂钟馗，钉桃符，贴春牌，祭祀祖宗。"可见南宋临安是腊月三十扫舍去尘埃。清李光庭《乡言解颐》卷四《新年十事·扫舍》："扫舍者，除旧更新之意也。然以日日扫地之法，将承尘四壁拂拭之，省却终年劳攘。未扫先祷告曰：'土地奶奶躲躲儿，扫了房子供果儿。'或曰祀灶之后，不拘宜扫不宜扫。不知何义。"

清顾禄《清嘉录》卷十二《十二月·打埃尘》："腊将残，择宪书宜扫舍宇日，去庭户尘秽，或有在二十三日、二十四日及二十七日者，俗呼打埃尘。蔡云《吴歈》云：'茅舍春回事事欢，屋尘收拾号除残。太平甲子非容易，新历颁来仔细看。'""宪书"，又叫"时宪书"，即历书，旧时历书上都标明了"宜""忌"日。

四川最早从腊八日开始扫舍。如，民国十七年刊《雅安县志》：十二月，八日，"煮粥祀先，脍蔬杂投其中，曰'腊八粥'。执竿竹连枝叶作帚，袯除屋舍，谓之'打檐尘'。"一般是腊月廿三、廿四祭灶当天打扬尘，即白天打扬尘，晚上祭灶，或者在打扬尘次日祭灶。如腊月廿三打扬尘，廿四祭灶；腊月廿四打扬尘，廿五祭灶。也有地方先祭灶，后打扬尘。例如，民国二十三年刊《华阳县志》：十二月"二十三、二十四两日，人家'祭灶'，曰送灶神上天。沿街卖灶疏、灶马、灶糖。二十四以后，人家皆扫清舍宇，谓之'打扬尘'。"打扬尘的良俗，一直传承至今日。

3. 吃年饭（团年）

四川从腊月十六"倒牙"开时，工商之家清结账项，开始团年，吃了团年饭就把伙计、徒弟放回家过年去了。民间一般称二十三、二十四两日祭灶为"小年"，祭灶之夜为"小除"，而腊月三十则为"过大年""大年除夕"。从祭灶至除夕，各家根据情况选择日期，合家团聚饮食，谓之"吃年饭"。如，民国十七年刊《雅安县志》：十二月，"二十三日为'小除'，曰'过小年'。燃灶灯'祀灶'，备饴糖诸品送神。此后，猪首、鸡鱼享祀祖宗，继诣城隍祠祀神，逐日有之。祀毕聚酺，曰'吃年饭'。"

四川吃年饭最特异者为"分年饭""灌年饭"的习俗。

明天一阁藏嘉靖本《洪雅县志》："'除日'，盛馔祀先毕，则家口无大小贵贱均给肉一器，饭一盂，谓之'分年饭'。"

清嘉庆十八年刊《洪雅县志》："'除日'，蒸熏豚、鸡、鸭，祭家神祀先；分年饭，虽猫犬、花木亦及之。"

清同治三年刊《嘉定府志》："十二月。'除日'分年饭，祭而后分，虽猫犬不遗。"

民国二十三年刊《乐山县志》："'除日'，分年饭。祭而后分，丰俭称家，大约人各肉一盂，虽猫犬不遗。"

清嘉庆十八年刊《峨眉县志》:"'除夕'分年饭,祭而后分,虽猫犬不遗。"

清光绪十八年刊《丹棱县志》:"'除日',用熏豚及鸡、鸭祭家神、祀先。分年饭,每人肉一盂,猫犬亦及之。"

清康熙五十六年刊《眉州属志》:"十二月,'除日',分年饭,丰俭随宜,大约每人肉一盂,即猫犬、果木亦不遗。"

清嘉庆二十一年刊《犍为县志》:"'除日',分年饭,祭而后分,虽猫犬不遗。"

清嘉庆十九年刊《彭山县志》:"十二月。'除日',烧年纸。分年饭,丰俭随宜,大约每人肉一盂,即猫犬、果木亦不遗。"

清嘉庆二十年刊《温江县志》:"(除夕)合家聚饮,惠及奴仆,以肉食分给猫犬暨果卉之属。"

清道光二十四年补刻本《金堂县志》:"'除夕',以牲醴祀先祖,分年饭,虽猫犬不遗。"

民国十六年刊《简阳县志》:"(十二月)三十日,陈馔祀祖先,家人聚食,谓'食年饭'。卑幼拜尊长,谓之'辞岁'。午后,用肉滓和饭,搥击成团,命童子持刀向果木干上斫一小口,纳饭其中,谓之'嚯(灌)年饭'。嚯(灌)时祝之曰:'斫一刀,结一挑;斫一口,结一斗。'"

民国二十八年刊《巴县志》:"今县俗,自(十二月)二十四日至三十日,阖家祀先,团聚饮食,或邀戚友,曰'吃年饭'。乡农以刀刃果木中干,塞以年饭,曰'易接'。"

民国二十一年刊《万源县志》:十二月八日,"至三十日之

| 腊月画棚　［日］青木正儿、内田道夫编《北京风俗图》

晨，将连日扫除渣滓燃烧，谓之'烟堆'。是夜名'除夕'，张灯结彩，千门万户焕然一新。午后，陈鸡、黍、肉、酒，焚香、爆竹，亦有放马蹄炮者（刻以世乱禁用），祀神送年。合家欢聚畅饮，名曰'团年'；亲友备礼，交相馈送，名曰'辞年'。又命童子持刀向果木干上斫一小口，以饭纳口中，为'灌年饭'，灌时祝之曰：'斫一刀，结一挑；斫一口，结一斗。'"

从上引各县志可见，除夕团年"分年饭"猫狗不遗，惠及果木，以及给果木"灌年饭"的巫术行为，是从明代至民国，遍及全川的风俗。这种风俗有古蜡祭之意，其源相当久远！

后 记

为了保护和传承中国传统岁时节俗文化，2007年12月16日，国务院对外公布了经过修订的《全国年节及纪念日放假办法》，规定从2008年1月1日起，新增清明节、端午节、中秋节各放假1天，春节放假3天不变。

2008年，四川省社科联党组副书记何其知同志约我写一本介绍中国传统岁时节俗的普及读物，我闻之既喜且惧。喜的是领导重视这个问题，于公于私，都是好事。我在川大搞了三十多年的民俗学教学和科研工作，从2004年起又投入四川省非物质文化遗产保护工作专家委员会的工作，有责任承担这项光荣的任务。另一方面，我又害怕揽这个活路，首先我手头正在写的几本书尚未完成，头绪纷繁，无暇顾及额外的写作任务。同时，这种普及读物亦不好写，现在书市上已出版的同类书籍很多，要避免雷同，写出新意，殊非易事。鼓一包子劲，很可能落一个费力不讨好的结果。后来经不住何书记的再三劝说，遂接受了这个任务，决定由我和牛会娟、张茜两位老师分工合作，共同来完成。牛、张两位老师是我在川大带的民俗学研究生，牛会娟现在成都信息工程大学任教，张茜现在四川旅游学院任教，她们两人均在各自的教学科研工作岗位上，进步很快，取得了优秀的成绩。

我们的工作步骤，先由我草拟15个题目，三人各承担1/3，分头去查阅原始材料，田野调查，综合研究，提笔撰写，然后再由我统稿修改。我统稿的原则三条：一、从原典出发选择史料，精密考证，审慎去取，力争所用材料坚实可靠；二、用人类学和民俗学的原理正确解释传统节日民俗事象，发掘其文化内涵；三、遵循"惟陈言之务去"的古训，争取这本书稿从内容构思到叙事表达，与众不同。这样一来，很多章节我都得重新改写。我边改边发表，有一半以上的修改稿在《西华大学学报》《文史杂志》《巴蜀史志》《四川日报》《四川政协报》等报刊上发表征求意见。每逢春节、清明、端午、中秋等重大节日，我也应邀在各地做过多次传统节俗的学术讲座，借机征求意见，回收反映。2014年初，省社科联催促结题，我们最后又花三个月时间汇稿、修改、打磨，最后打印数本，一方面呈送社科联审查，另一方面征求有关专家意见。由于超过了原定结题时间，本书一直未能出版。但是我们仍然很淡定，科学著作不同于新闻报道，它要经得住时间的检验。我们感到这本小书，尚未尽如人意，一直在补充材料，做局部修订，寻机正式出版。

这里有几件关于书稿的技术性小事，我得说明一下：

第一，在社科联课题任务书上原计划本书篇幅为15万字，我们三人的初稿超过了15万字，是我在统稿过程中删减成12万多字的篇幅，责任在我。而今正式出版，打算配一些插图，以增强阅读效果。

第二，本书史料，均从原典出发，务求引文准确，阐释科学。为了引文准确，解释精当，避免时下"古书今译"常见那种望文生义、信口开河的错误，我们尽量引用原文。好在所引史料文字浅白，并不难懂，必要时又将个别生僻字注音简释，一般读者不会遇到多大文字障碍。对提高读者阅读水平，不无好处！

第三，本书运用人类学和民俗学原理解释各种岁时民俗事象，寓理于文，夹叙夹议，既通俗易懂，又有一定理论色彩，目的是向广大读者特别是基层干部普及民俗学知识。

第四，为了体现四川民俗特色，本书尽量引用有关四川岁时民俗史料，对高校年轻的民俗学学人和巴蜀学者的深一步研究，也许会起到引玉的作用。

是否真如我吹嘘的那样？诸君读了才晓得！我们虚心接受各位批评意见，以便学习学习再学习，修改修改再修改！

江玉祥
2018年5月22日于四川大学